Sylvie Rasch

Noch mehr MOSAIK Tücher stricken

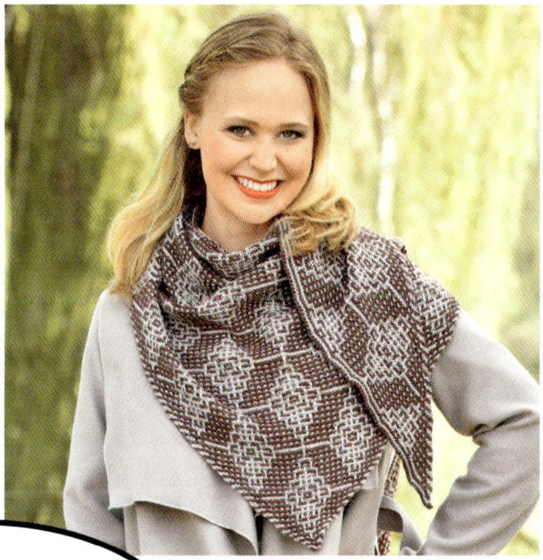

NEUE FORMEN
und
NEUE MUSTER

CV

INHALT

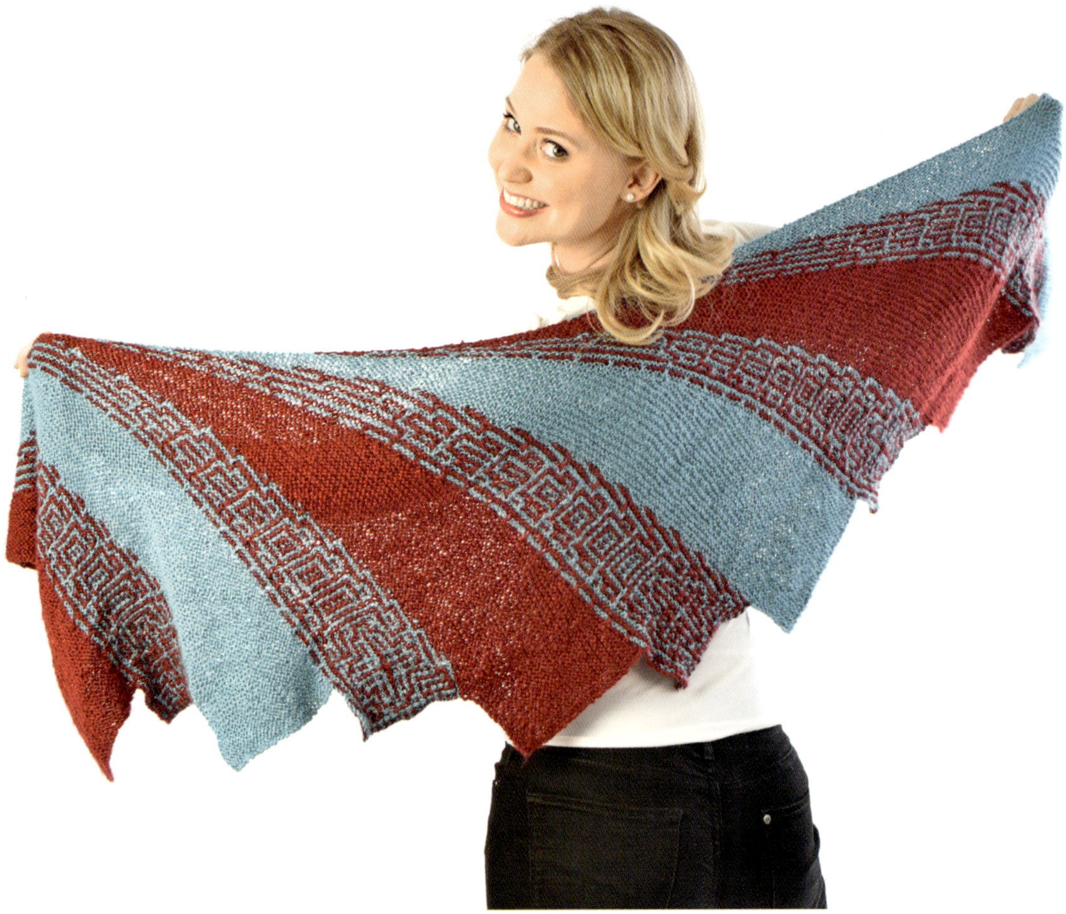

MOSAIK OHNE GRENZEN

Mit dem Buch „CraSy Mosaik Dreieckstücher Stricken" habe ich viele Leser in das Mosaikstricken eingeweiht. Vielen hat es so großen Spaß gemacht, dass sie sagten, der „Virus Mosaikus" greift um sich und ist nicht heilbar.

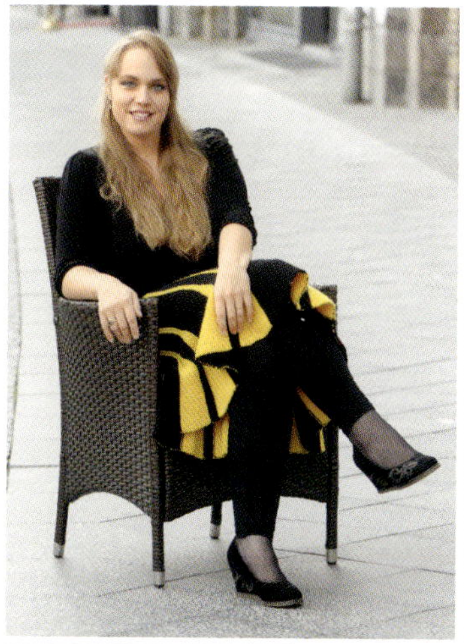

Natürlich möchte ich den infizierten Leser jetzt nicht länger auf die Folter spannen und mit Nachschub versorgen.

In dem hier vorliegenden Buch finden sich nun nicht nur Dreieckstücher, sondern auch halbrunde Tücher, mehreckige und viele andere Tuchformen. Sie werden quer, von oben nach unten oder von unten nach oben gestrickt. Damit aber nicht genug, es gibt noch jede Menge Muster, die untereinander kombinierbar sind. Der Bereich „Raum für Individualität" gibt euch pro Tuch jeweils an, wie ihr es noch individualisieren könnt.

Viele Muster sind aber auch von Tuch zu Tuch kombinierbar – so kann sich jeder sein individuelles Traumtuch zusammenstellen. Also los geht es in ein neues Mosaik-Abenteuer!

Euer

CraSy Sylvie

DANKE

Vielen Dank an dieser Stelle wie immer an all die fleißigen Hände, ohne die ein solches Werk nicht möglich wäre. Das sind natürlich meine lieben Strickerinnen, aber auch Manja, die immer mit ihrer Kamera dort ist, wo ich sie brauche, und Antonia, die uns alle vom Titel anstrahlt. Und auch mein Töchterlein darf mal genannt werden, sie hält mir den Rücken frei, wenn ich mal wieder bis tief in die Nacht schreibe oder Muster zeichne.

MOSAIKMUSTER STRICKEN

DIE FARBEN

Beim Mosaikstricken wird jeweils in einer Runde mit einer Farbe gestrickt. So können sich keine Fäden verheddern und du musst auch nicht zwei Arbeitsfäden gleichzeitig um den Finger wickeln.
Um diese zweifarbigen Muster zu erzielen, werden rechte und linke Maschen sowie Hebemaschen gearbeitet. Dabei wechselst du jeweils nach zwei Reihen die Farbe. Am besten kommen diese Muster zur Geltung, wenn du mit zwei kontrastreichen Farben arbeitest, du kannst dabei den Kontrast in der Farbe oder in der Helligkeit wählen. Der stärkste Kontrast ist Schwarz/Weiß, du kannst zum Beispiel auch Hellblau mit Dunkelblau kombinieren oder du wählst zwei komplementäre Farben, also Farben, die sich im Farbkreis gegenüberliegen.

Je näher die Farben sowohl im Farbton als auch in der Helligkeit beieinanderliegen, desto weniger deutlich tritt das Muster hervor.

Bei Tüchern kannst du die Mosaikmuster glatt rechts oder kraus rechts stricken, je nachdem welchen Effekt du erzielen möchtest.

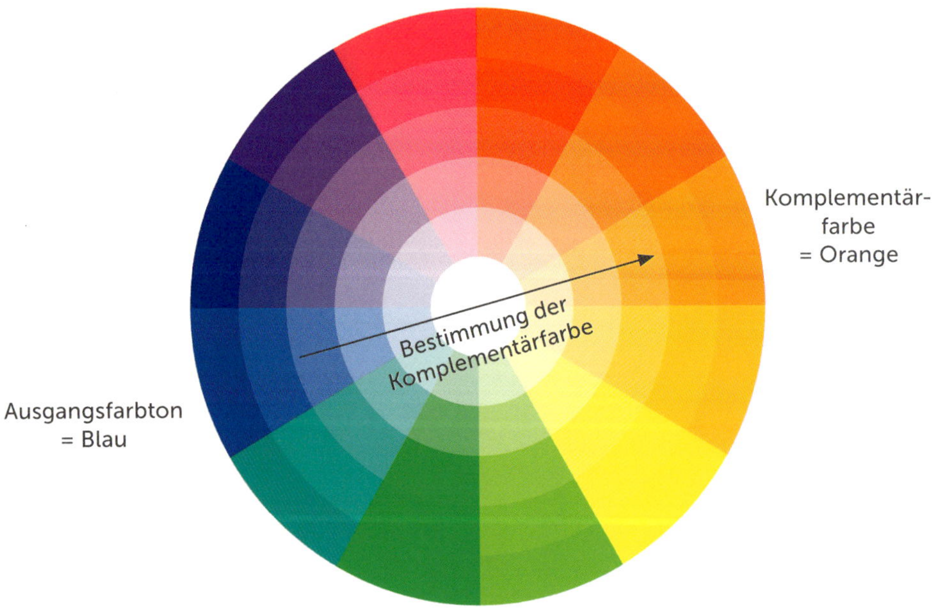

MOSAIKMUSTER KRAUS RECHTS STRICKEN

In den Hin- und Rückreihen werden nur rechte Maschen gestrickt (= kraus rechts), so entsteht ein krauses Maschenbild. Die Mustermaschen werden hingegen nur abgehoben. Dafür in den Hinreihen in die Hebemasche wie zum Linksstricken einstechen und diese abheben. Dabei liegt der Faden HINTER der Arbeit.

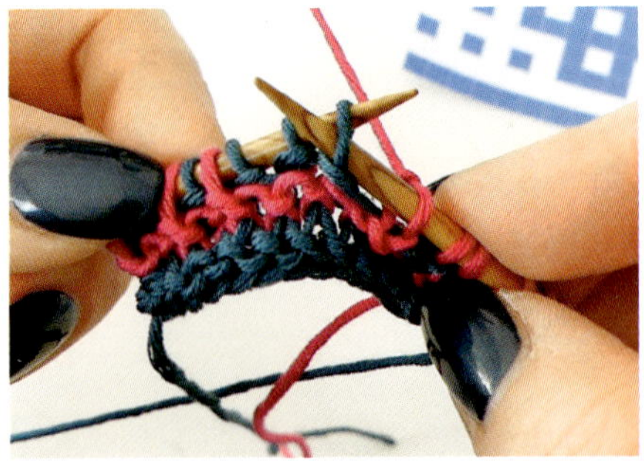

In den Rückreihen die Hebemasche ebenfalls wie zum Linksstricken abheben. Dabei liegt der Faden jedoch VOR der Arbeit.

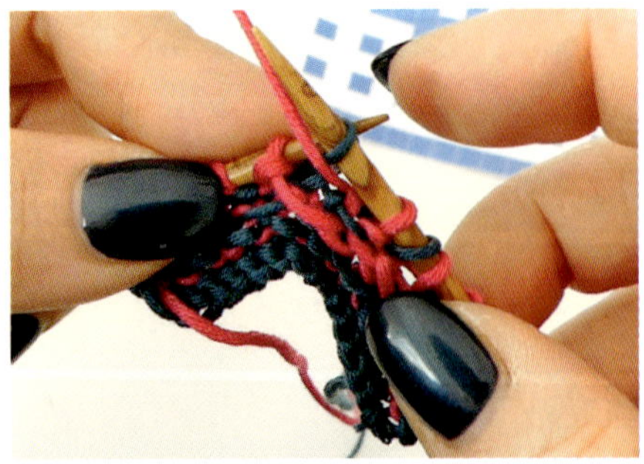

Durch das Abheben der Maschen wird die jeweilige Farbe und Masche der Vorreihe über die Farbe der aktuellen Reihe gelegt und in der darauffolgenden Reihe mit der gleichen Farbe wieder abgestrickt. Auf diese Weise bildet sich eine durchgehende senkrechte Verbindung der Farben.

Damit die Muster schön elastisch bleiben, gibt es bei meinen Mustern niemals zwei nebeneinanderliegende Hebemaschen, sondern vor und nach jeder Hebemasche wird immer mindestens eine Masche wieder gestrickt. So entsteht das für Mosaikmuster typische Maschenbild. Bei dieser Technik gibt es auf der Rückseite keine sichtbaren Spannfäden und die Tücher haben eine wunderschöne homogene Struktur, die auf der Rückseite ein wenig wie gewebt aussieht.

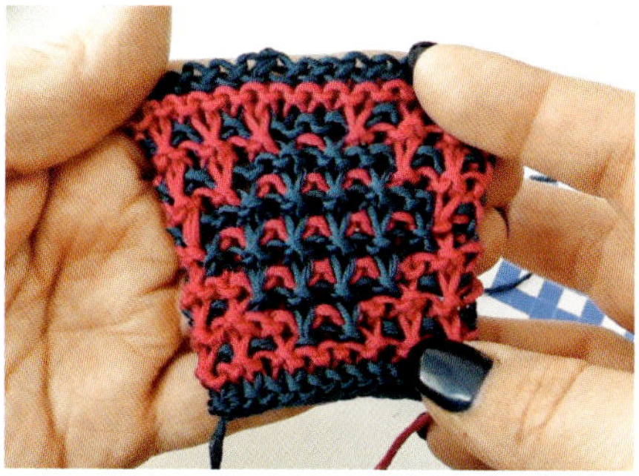

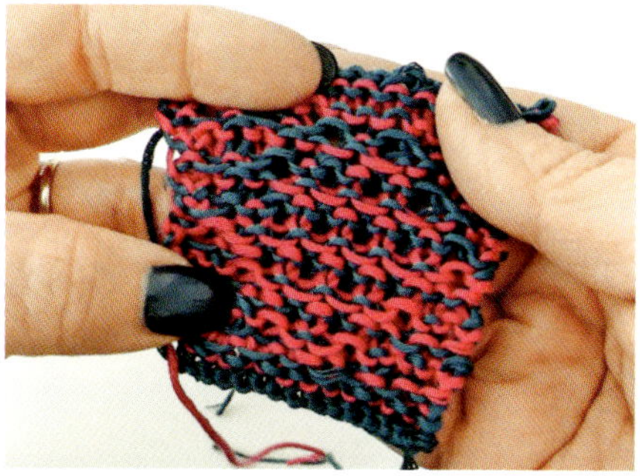

MOSAIKMUSTER GLATT RECHTS STRICKEN

Glatt rechts gestrickte Mosaikmuster sind lang gezogener als kraus rechts gestricktes Mosaik. Sie sehen Fair-Isle-Mustern zum Verwechseln ähnlich, denn man sieht bis auf die Musterung keine Unterschiede. Dabei wird in der Hinreihe das Muster wie beim kraus rechten Mosaik gestrickt. Die Rückreihe wird jedoch nicht rechts, sondern links gestrickt und die Mustermaschen werden ebenfalls wie beim kraus rechten Gestrick abgehoben, jedoch mit dem Faden VOR der Nadel.

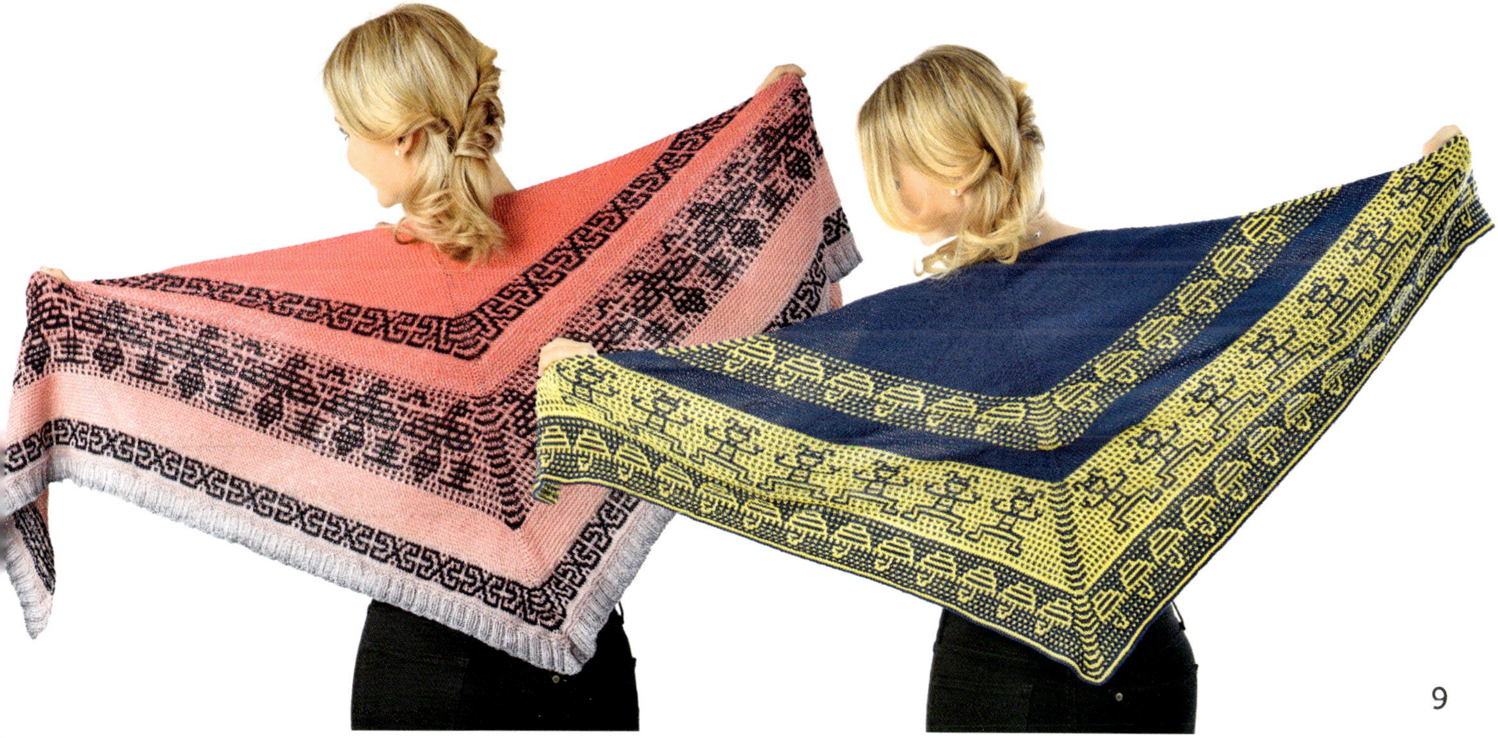

MUSTERPROBE

Für diese Dreieckstücher benötigst du keine Maschenprobe, da sie nicht auf eine Größe angepasst werden müssen. Verwendest du ein dünneres oder dickeres Garn, hat das lediglich zur Folge, dass das Muster kleiner bzw. größer und die entsprechenden Kanten und Musterstreifen breiter oder schmaler werden. Generell werden Mosaikmuster mit kleineren Nadeln gestrickt, denn das Gestrick darf nicht zu locker werden, sonst gehen die Muster unter und kommen nicht heraus. Ist die Nadelstärke zu groß gewählt, werden die Hebemaschen zu locker und das Muster tritt nicht hervor. Ist die Nadelstärke zu klein, zieht sich die Hebemasche ebenfalls und das Muster kommt nicht zur Geltung. Eine besondere Gegebenheit kommt noch hinzu, wenn man einen Mosaikstreifen auf einen glatt rechten Abschnitt legt: Je nachdem, wie du strickst, kann sich hier das Mosaikmuster stärker zusammenziehen als der glatt rechte Teil. Daher empfehle ich unbedingt, zunächst eine kleine Musterprobe zu machen und zu testen, wie gut das Muster herauskommt und wie stark sich das Muster auf einem glatt rechten Teil verzieht, um die Nadelstärke dann gegebenenfalls anzupassen. Zieht es sich nicht zusammen, so ist alles gut. Wenn dein Mosaikmuster den glatt rechten Teil zusammenrafft, stricke den glatt rechten Teil mit einer halben Nadelstärke kleiner als den Mosaikteil, das sollte die Spannung ausgleichen. Eventuelle kleine Unebenheiten kannst du später beim Baden und Spannen oder Dämpfen beheben.

Hier siehst du das gleiche Muster bzw. Tuch einmal mit dickem Garn und Nadelstärke 7 gestrickt und einmal mit dünnem Garn und Nadelstärke 3,5.

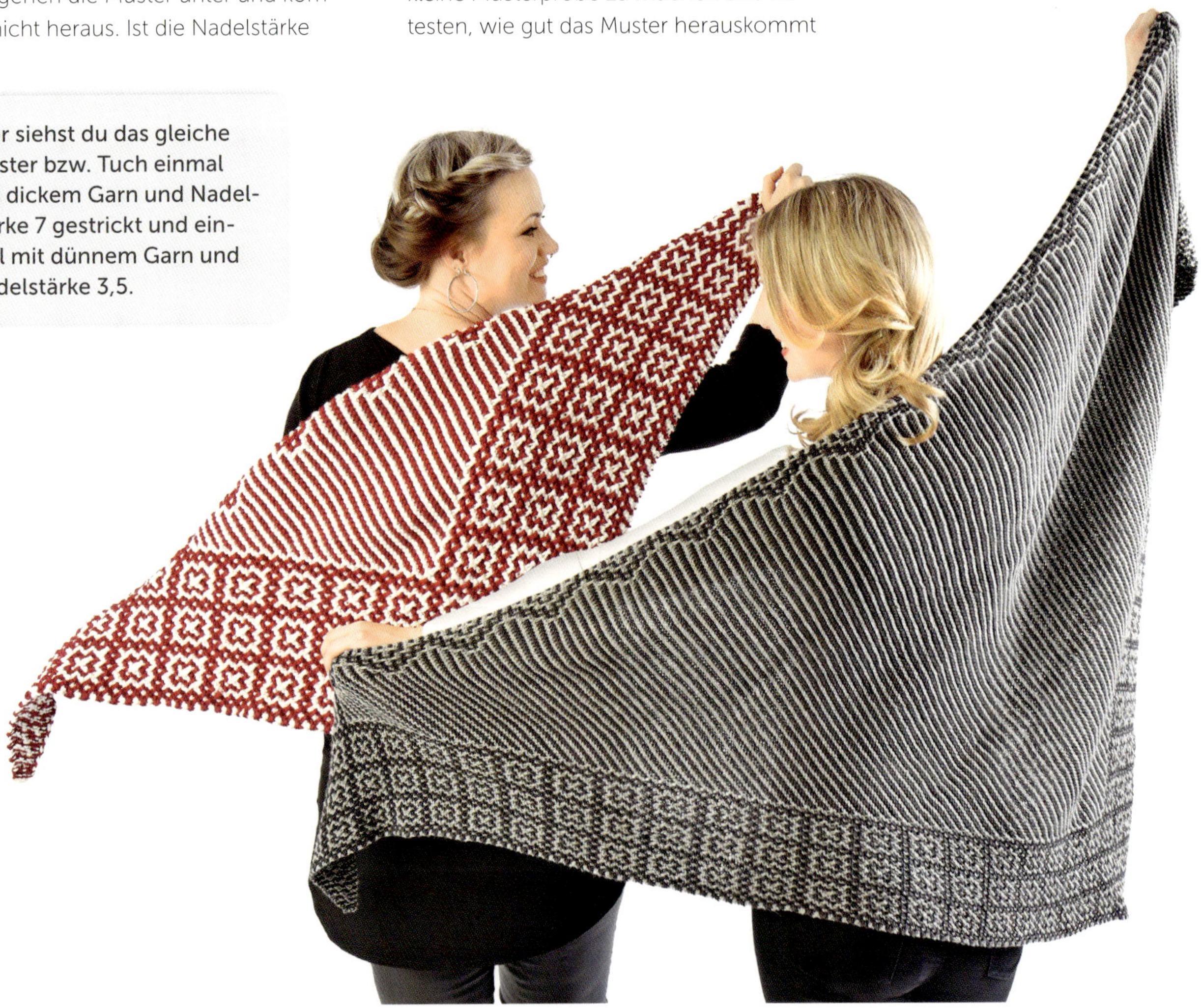

MOSAIKMUSTER LESEN

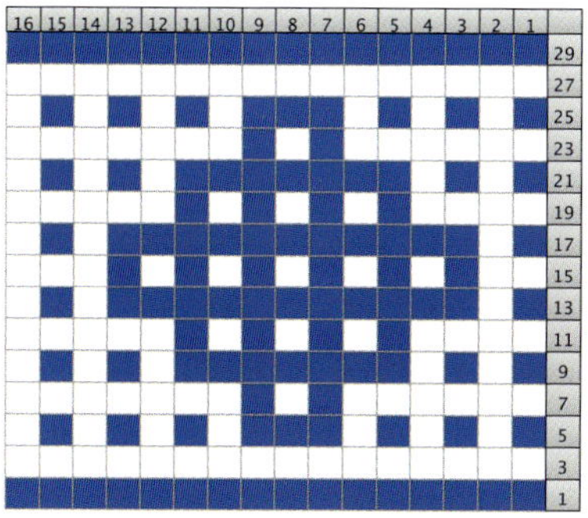

Das Lesen der Mosaikmuster ist gar nicht schwer. Du siehst hier im Bild, dass immer nur die Hinreihen dargestellt sind, in den jeweiligen Rückreihen strickst du die Maschen, wie in der von dir gewählten Variante beschrieben. Nun gibt es deine Hintergrundfarbe, die ist in der Strickschrift weiß, und die blau dargestellten Maschen – diese sind deine Musterfarbe. Jeweils nach einer Hin- und Rückreihe, also einer Musterreihe in der Strickschrift wird die Farbe gewechselt.
Dein Wollmantra für das Mosaikstricken lautet: In den blauen Reihen werden die hellen Maschen abgehoben und in den hellen Reihen werden die blau gezeichneten Mustermaschen abgehoben. Hat man dieses Prinzip verinnerlicht, so ist das Stricken der Muster kein Problem. Du erkennst ganz leicht, ob du in einer hellen oder dunkeln Runde bist, wenn du dir anschaust, was in dieser Reihe passiert. Erinnere dich – es werden niemals zwei Maschen nebeneinander abgehoben, daher sind alle Reihen, in denen mehrere weiße Maschen nebeneinander sind, helle Reihen und alle Reihen, in denen mehrere blaue Maschen nebeneinander sind, dunkle Reihen.

DIE „STERNMASCHE"

Hier im Buch wird dir öfter eine Masche begegnen, die nur mit einem Stern gekennzeichnet ist. Diese Masche steht für alle Maschen bis zum Musterbeginn. Denn gerade bei quer gestrickten Tüchern wird durch die Zunahme am Rand die Zahl der Maschen bis zum Musterbeginn immer größer. Wenn du den Rapport deines Musters in der Höhe wiederholst, variiert die Maschenzahl zum gezeichneten Rapport, was durch die Sternmasche gekennzeichnet wird. Sie steht also stellvertretend für alle Maschen, die du zugenommen hast, denn dein Tuch wird an dieser Stelle immer breiter. Auch wenn dein Tuch immer schmaler wird, wirst du in manchen Strickschriften die Sternmasche finden. Sie ist also ein Platzhalter für alle Maschen, die nicht gemustert werden und die damit nur die Strickschrift unnötig verbreitern würden.

ZEICHENERKLÄRUNG

□ oder ■ = Maschen dem Mosaikmuster gemäß, wie jeweils beschrieben, stricken

2 = KFB/KBF = 2 Maschen aus 1 Masche gemäß der Erklärung auf Seite 12/13 herausstricken

★ = der Stern kennzeichnet die stetig zunehmende Zahl der Maschen, die bis zum Musterrapport kraus rechts (= in Hin- und Rückreihen rechte Maschen) oder glatt rechts (= in Hinreihe rechte, in Rückreihe linke Maschen) gestrickt werden

¢ oder ¢ = Wendemasche

/ oder / = 2 Maschen rechts zusammenstricken

\ oder \ = 2 Maschen überzogen zusammenstricken (= 1. Masche wie zum Rechtsstricken abheben, 2. Masche rechts stricken, 1. Masche überziehen)

♡ oder ♡ = sowohl in der Hin- als auch in der Rückreihe auf der Randmasche ein KFB bzw. KBF arbeiten

λ oder λ = 1 Masche wie zum Rechtsstricken abheben, 2 Maschen rechts zusammenstricken, abgehobene Masche überziehen

BESONDERE TECHNIKEN

MASCHEN ZUNEHMEN

Ich verwende in diesem Buch die Technik des KFB („knit front back“) und KBF („knit back front“).
KFB bedeutet, dass du die Masche zunächst einmal rechts strickst,

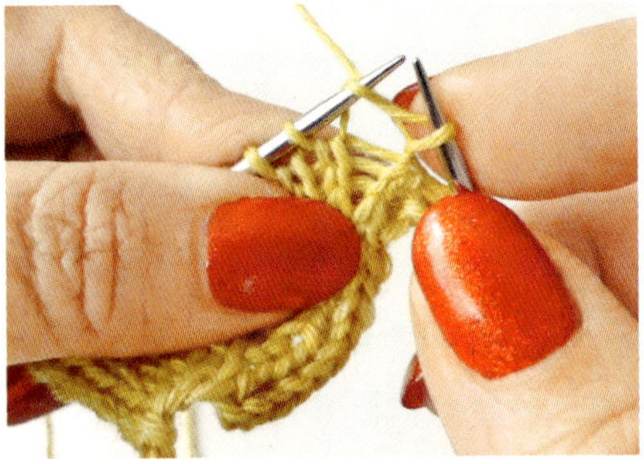

dann auf der Nadel lässt und noch einmal rechts verschränkt abstrickst.

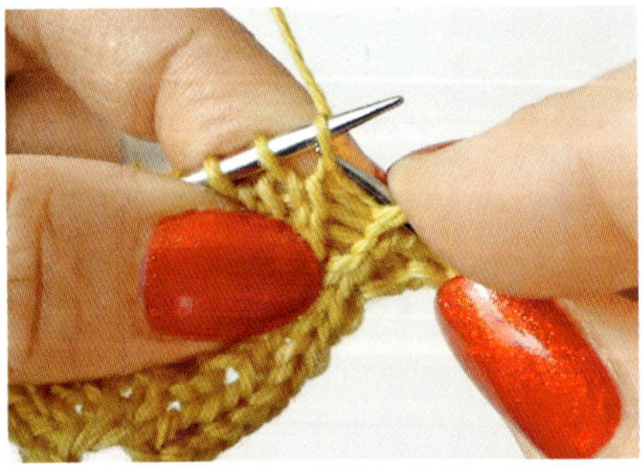

Ein KFB bildet eine linksgerichtete Zunahme, denn die neu gebildete Masche liegt wie ein kleiner Linksausleger leicht erhöht an der Masche dran.

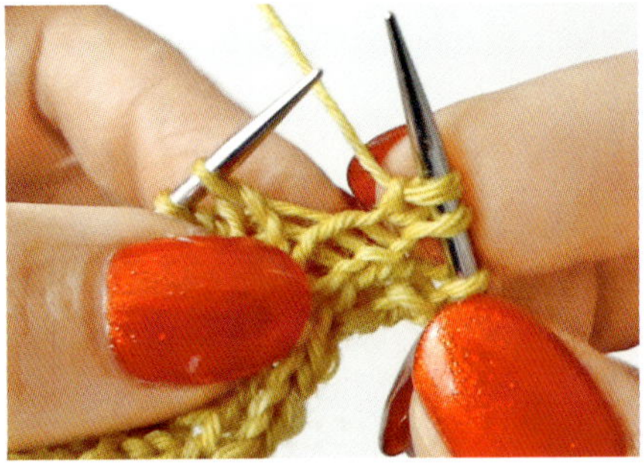

Das Gegenstück dazu bildet das KBF. Hierbei strickst du zunächst die Masche rechts verschränkt (also durch das hintere Maschenglied) ab,

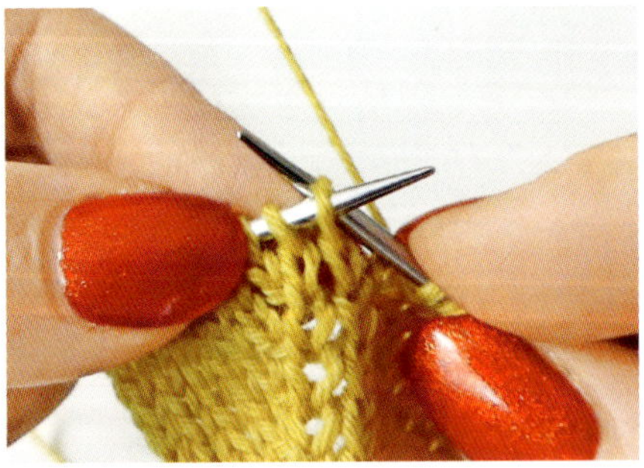

drückst dann mit der linken Nadel das hintere Maschenglied wieder nach hinten

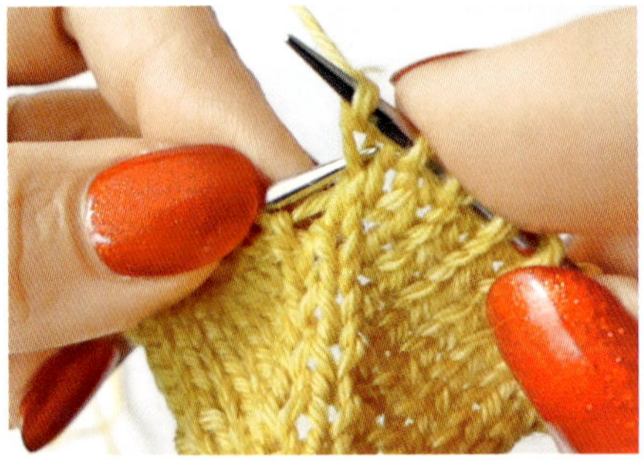

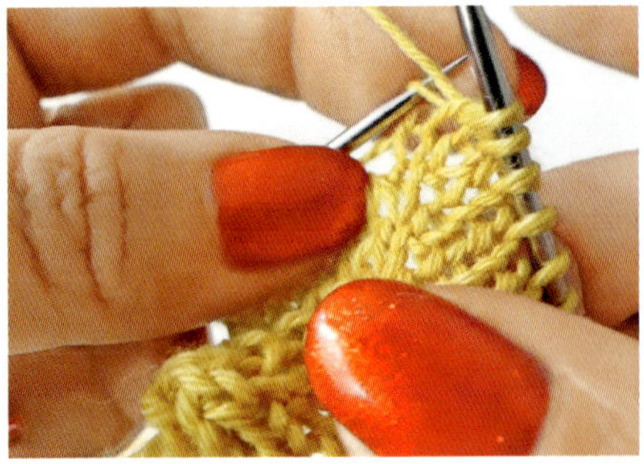

und strickst die gleiche Masche noch einmal rechts ab.

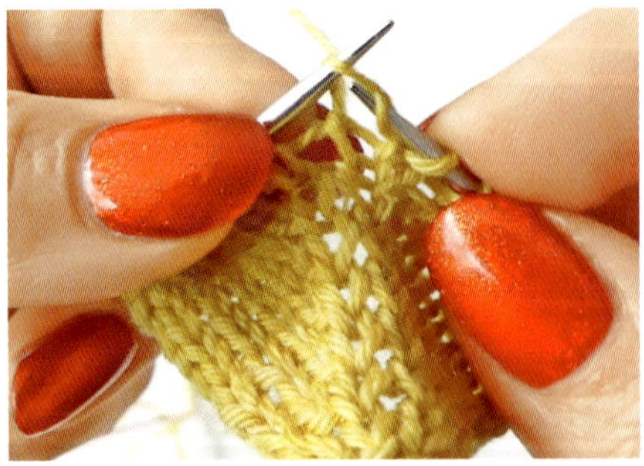

So bildet sich an der Masche ein kleiner Rechtsausleger und damit eine rechtsgerichtete Zunahme.

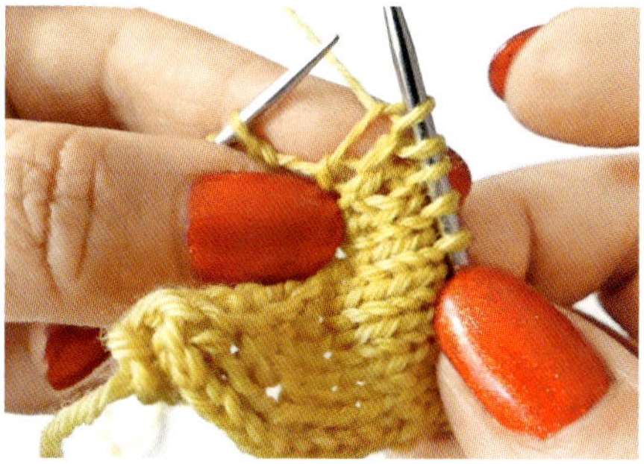

Möchtest du dein Tuch also mit symmetrischen Zunahmen arbeiten, so nimmst du am Anfang der Reihe durch ein KFB zu und am Ende der Reihe durch ein KBF, in einer Mittelzunahme wird zunächst das KBF, dann das KFB gearbeitet.

Da diese Unterscheidung nicht allen leicht fällt und vor allem das KBF auch nicht jedem gefällt, habe ich hier im Buch nur ein Symbol dafür eingesetzt, so kannst du dich frei für eine Art der Zunahme entscheiden.

VERKÜRZTE REIHEN IM MOSAIKMUSTER

Mosaikmuster und verkürzte Reihen passen prima zusammen. Die Technik, die du für deine verkürzten Reihen benutzt, ist hierbei ganz dir selbst überlassen. Arbeite einfach mit der Technik – egal ob Hasenöhrchen, Wickelmaschen oder Shadow Wraps – die dir am besten zusagt und die du am leichtesten bewältigst.

Ich benutze bei Tüchern gern die Technik der German Short Rows – also die Hasenöhrchen. Hierbei strickst du die Wendemasche, die in der Strickschrift oder im Textteil beschrieben ist, einfach rechts bzw. links (je nachdem, auf welcher Seite du dich befindest), drehst die Arbeit um, legst den Arbeitsfaden nach vorn und ziehst ihn ganz straff nach hinten. So wird aus der Masche eine Doppelmasche, die aussieht wie zwei Hasenöhrchen.

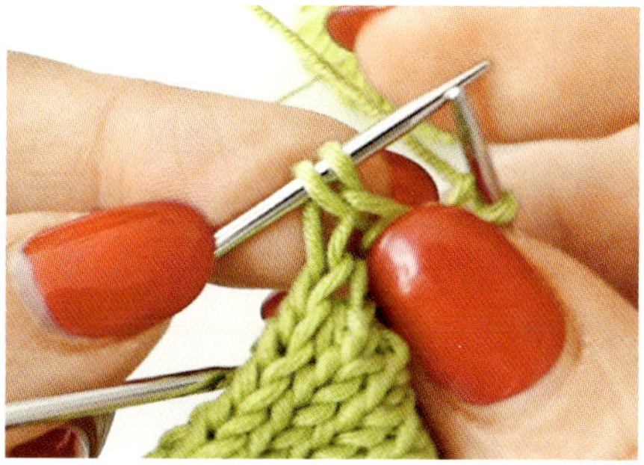

Nun kannst du die verbleibenden Maschen stricken wie beschrieben oder gezeichnet.
Wenn du nun beim Abarbeiten der verkürzten Reihen diese Doppelmaschen erreichst, so werden diese wie 1 Masche behandelt, du strickst also die 2 Hasenöhrchen wieder wie eine Masche zusammen.

RANDMASCHEN

Die Randmaschen beim kraus rechten Gestrick arbeite ich hier – wenn nicht in der jeweiligen Anleitung anders beschrieben – wie folgt:
In den Hinreihen die Maschen rechts stricken. In der Rückreihe die Randmasche, an der NICHT zugenommen wird, wie zum Rechtsstricken abheben, das heißt, die Nadel von rechts nach links in die Masche einstechen und abheben. So entsteht ein schön elastischer Knötchenrand.

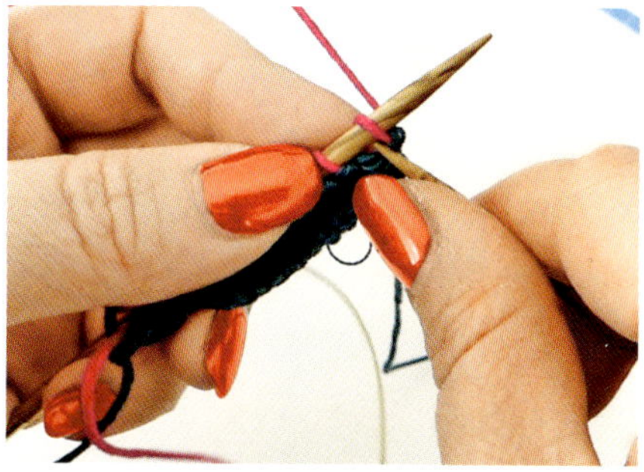

Die Randmaschen, auf denen eine Zunahme stattfindet, stricke ich links.

FARBWECHSEL

Der Farbwechsel ist gerade bei Tüchern ganz wichtig. Damit du hier keine langen Spannfäden hast, darfst du die Fäden – im Gegensatz zur Intarsie – NICHT kreuzen. Lass den Faden der alten Farbe einfach locker vorn herunterhängen und nimm die neue Farbe so auf, dass sich die Fäden nicht kreuzen. So bleibt deine Kante zum einen schön elastisch und zum anderen siehst du dort auch keinen Spannfaden. Das Kreuzen der Fäden hier würde nämlich nur dazu führen, dass der alte Faden nach unten gedrückt wird und somit einen längeren Weg bis zur neuen Reihe hat.

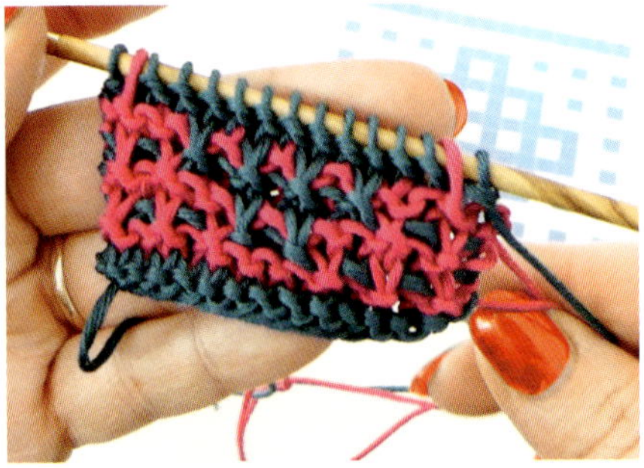

INTARSIEN STRICKEN – TIPPS ZUM UMDREHEN

Für das Stricken von Intarsien oder Halbintarsien werden Farbflächen direkt nebeneinander gestrickt. Die Flächen werden durch das Kreuzen der Fäden miteinander verbunden.

Um eine Intarsie zu stricken, arbeitest du in der Farbe der rechten Fläche bis zum Kreuzungspunkt, wie in der Anleitung angegeben. Dann legst du den Arbeitsfaden nach links, also in die Richtung, in die du gerade gestrickt hast,

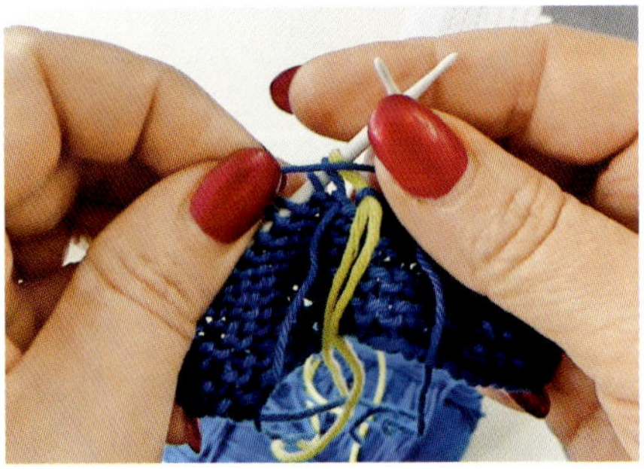

nimmst den Faden der nun folgenden Farbfläche darunter auf und beginnst, mit diesem zu stricken.

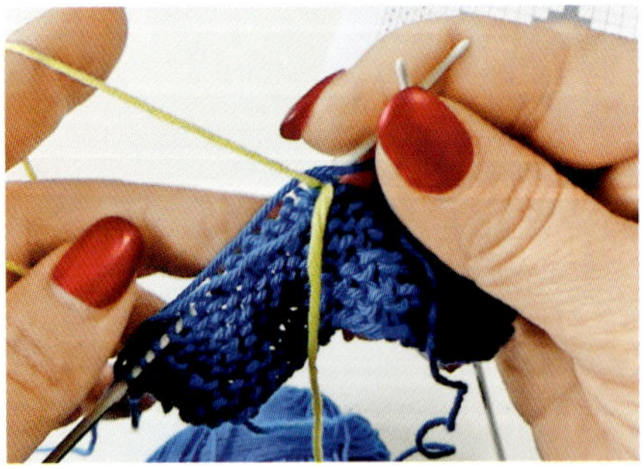

Somit sind die Fäden nun gekreuzt. Achte darauf, dass du beim Farbwechsel die Fäden anziehst und nicht zu locker lässt. Zieh jedoch nicht zu stark, denn sonst ziehst du die Masche, aus der der Faden kommt, zu klein und die Übergänge werden unschön.

Auf der Rückreihe arbeitest du den Farbwechsel ebenfalls wie hier beschrieben, das heißt, der Faden der „alten" Farbe wird nach links gelegt und die neue Farbe wird darunter aufgenommen, so dass sich die beiden Fäden kreuzen.

Halbintarsie bedeutet, dass du nur mit zwei Farben arbeitest, eine davon ist deine Hintergrundfarbe und die andere ist deine Musterfarbe. Diese Technik kannst du prima bei quer gestrickten Tüchern mit seitlicher Mosaikkante anwenden. Hierbei strickst du die Maschen im Tuchkörper und im Mosaikstreifen mit deiner Hintergrundfarbe. Beim Farbwechsel strickst du die Maschen des Tuchkörpers bis zur Kante ebenfalls mit deiner Hintergrundfarbe. Am Musterstreifen angekommen, wechselst du nun zu deiner Musterfarbe und kreuzt die Fäden und strickst nach dem Mosaikmuster. Auf der Rückreihe strickst du ebenfalls nur die Rückreihe des Mosaikmusters, kreuzt wieder am Ende des Musterstreifens die Fäden und wechselst damit zu deiner Hintergrundfarbe.

Kleiner Tipp am Rande: Wenn du das Buch „Mosaik Dreickstücher stricken" besitzt, kannst du auf diese Weise alle Tuchkörper daraus mit dieser Technik einfarbig gestalten.

FÄDEN UNSICHTBAR VERNÄHEN

Das Vernähen der Fäden ist gerade bei Tüchern enorm wichtig. Denn wer möchte schon die Endfäden baumeln sehen? Befindet sich dein Endfaden am Rand oder am Beginn des Tuches, so kannst du ihn einfach in den Randmaschen verstecken. Ist ein Vernähen mitten im Tuch notwendig, vernähe ihn unsichtbar auf kraus rechts. Das geht wie folgt:

Den Faden auf die Rückseite der Arbeit nehmen. Nun mit der Nadel unter einer Masche, also einem Bogen einstechen und schräg zum nächsten Bogen nach oben führen. Nun über diesen Bogen hinweg führen und auf der anderen Seite wieder schräg nach unten stechen.

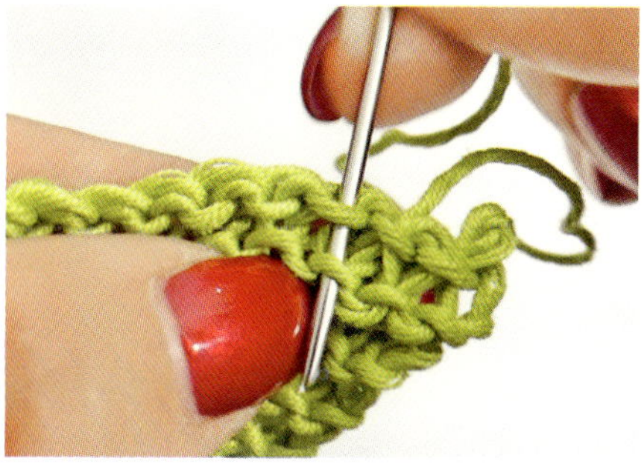

So „malst" du diese Masche mit deiner Nadel nach und am Ende wird nichts mehr zu sehen sein. Beachte hierbei, dass du auch wie beim Maschenstich immer zweimal in jede Masche einstechen musst.

SPANNWEITE UND CO.

Die Tücher hier im Buch bieten dir viel Raum für Individualität und Anpassung – auch gerade, was die Größe und das Material angeht. Damit dein Tuch später schön um den Hals fällt, sollte die Spannweite mindestens 1,50–1,60 m erreichen. Die Spannweite ist in der Regel deine Zunahmekante, also bei den quer gestrickten Tüchern die Kante, an der die Maschen zugenommen werden und bei den von oben gestrickten Tüchern die Außenkante der Zunahme. Anders ist es bei den Tüchern, die von unten nach oben gestrickt werden – hier ist die Spannweite die Abkettkante. Bedenke auf jeden Fall für die Größe deines Tuches, dass es nach dem Waschen in der Regel noch ein beträchtliches Stück wächst. Also eine Spannweite nach dem Stricken von 1,50 m kann auf eine Spannweite von 1,90 m nach dem Waschen heranwachsen. Je nachdem, ob du dich hier überraschen lassen möchtest oder das Ganze planen möchtest, solltest du ein kleines Tuch aus deinem Material im Miniaturformat fertigen, es ausmessen, waschen, spannen oder dämpfen und danach noch einmal messen. So erhältst du den entsprechenden Größenzuwachs.

BADEN UND SPANNEN

Damit die Tücher ihre endgültige Form erhalten und um kleine Unebenheiten oder auch Ungleichmäßigkeiten vom Übergang von glatt rechts zum Mosaikmuster auszugleichen, musst du deine Tücher baden und in Form bringen. Dafür badest du zunächst dein Tuch am besten in lauwarmem Wasser mit einem Wollwaschmittel. Ein Haarwaschmittel eignet sich ebenfalls prima, genauso wie ganz einfache Seife. Nach dem Baden kannst du dein Tuch auf Spannmatten aufspannen und damit in Form ziehen und die Unebenheiten ausgleichen. Hast du keine Spannmatten zur Hand, ist das auch kein Problem. Leg dein Tuch einfach auf einem Handtuch flach auf dem Boden aus, ziehe es mit den Fingern in Form und lass es so trocknen. Sind am Ende immer noch Stellen, die du ausgleichen möchtest, so nimm ein Dampfbügeleisen und dämpfe die Stelle ab, indem du sie in die gewünschte Form ziehst. ACHTUNG – hierbei solltest du unbedingt ein Bügeltuch oder Handtuch zwischen Bügeleisen und Tuch legen, damit die Maschen nicht platt gedrückt werden. Nach dem Trocknen kannst du nun dein neues Meisterwerk direkt ausführen!

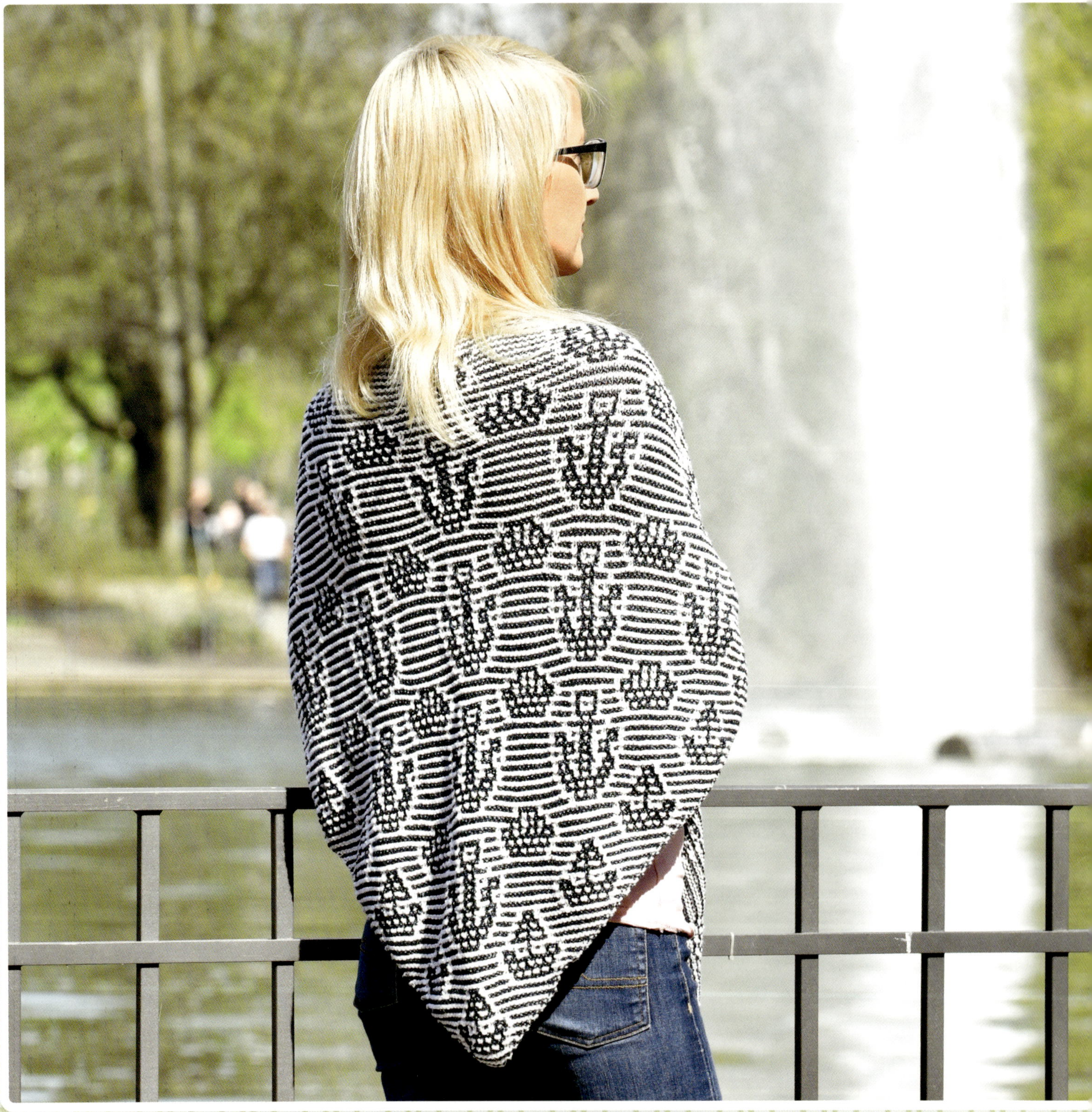

DOWN BY THE SEA

MATERIAL

- Schulana „Filini Merino“ (100 % Schurwolle, Lauflänge 160 m/50 g), 200 g Weiß (Farbe A); Schulana „Lanasilk“ (62 % Schurwolle, 38 % Seide, Lauflänge 85 m/25 g), 175 g Grün meliert (Fabe B)
- Stricknadeln Nr. 4,5

Größe: Spannweite ca. 160 cm, Höhe ca. 80 cm

SO WIRD'S GEMACHT

Das Tuch wird kraus rechts und von unten nach oben gestrickt. Dabei beginnt man mit wenigen Maschen und nimmt immer mehr zu. Die Größe lässt sich leicht anpassen, die Spannweite ist hier später die Abkettkante.

Schlage 3 Maschen in Farbe A (Weiß) an, diese Reihe ist zugleich Reihe 1 aus der Strickschrift. Stricke 1 Rückreihe rechte Maschen und folge nun der Strickschrift, beginne dabei mit Reihe 3. Die Hintergrundfarbe ist hier Weiß, die Musterfarbe Grün. Stricke zunächst die Reihen 1–130 der Strickschrift. Wiederhole danach alle Reihen aus dem grün eingerahmten Bereich, also die Reihen 75–130. So wird das Tuch immer breiter. Der rot eingerahmte Bereich zeigt hier die Maschen, die nun in der Breite immer wiederholt werden. Du kannst nun dein Tuch bis zur gewünschten Größe stricken, beachte dabei, dass für einen schönen Abschluss noch die Reihen 131–188 gestrickt werden müssen und dein Tuch damit noch an Größe gewinnt. Am besten misst du dir aus, wie viel zusätzliche Breite eine Wiederholung erzeugt und dann weißt du, nach wie vielen Wiederholungen die Abschlusskante gestrickt werden muss.

Im abgebildeten Tuch haben wir den grün eingerahmten Bereich 3x wiederholt, und danach die Reihen 131–188 als Abschluss gestrickt. Kette auf der letzten Rückreihe die Arbeit ab. Nun noch die Fäden vernähen und das Tuch einmal baden und in Form ziehen – schon kann dein neuer, mediterraner Begleiter getragen werden.

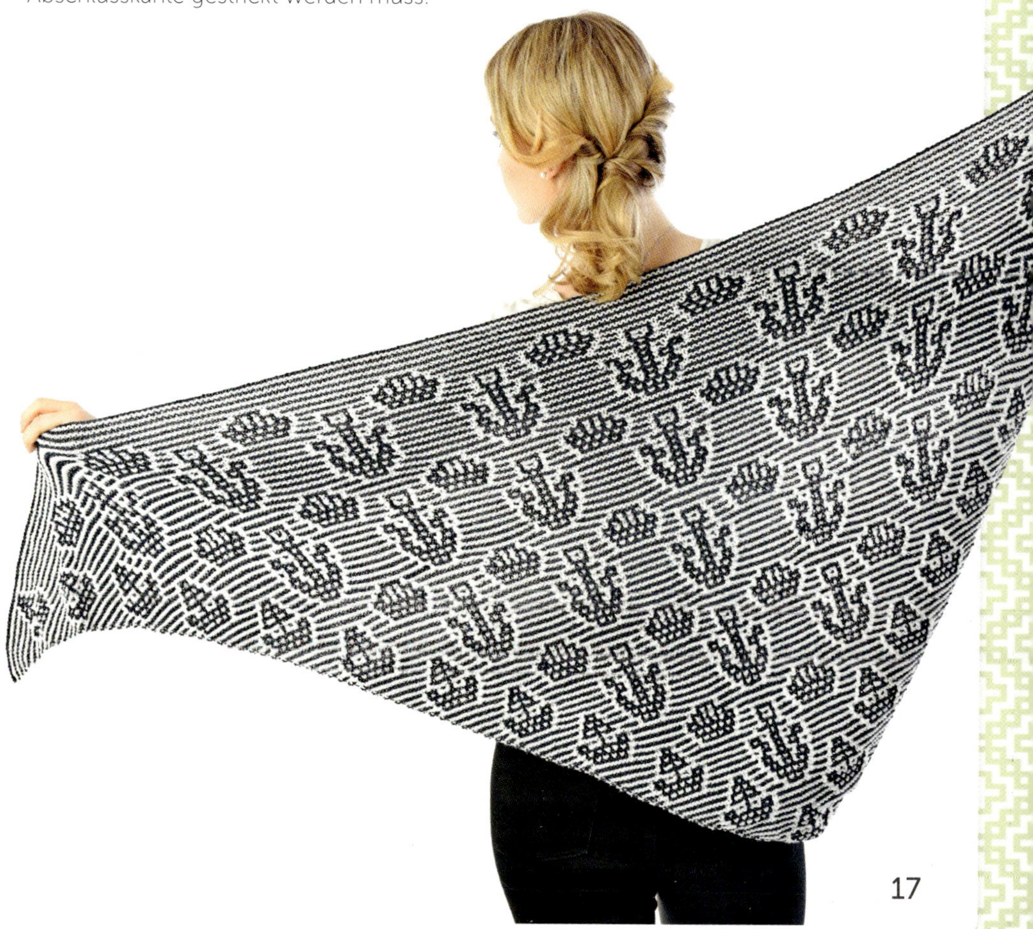

STRICKSCHRIFT

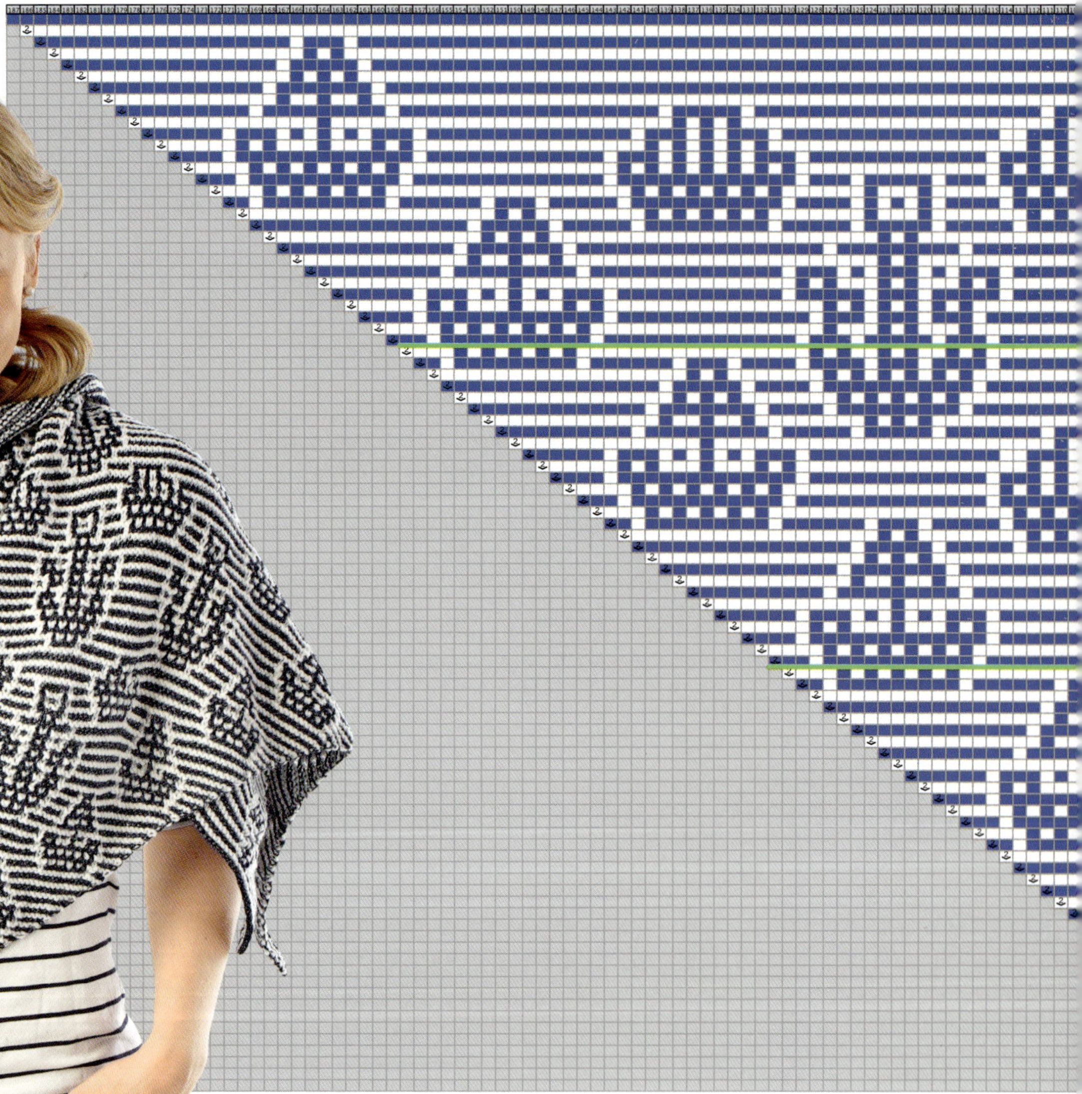

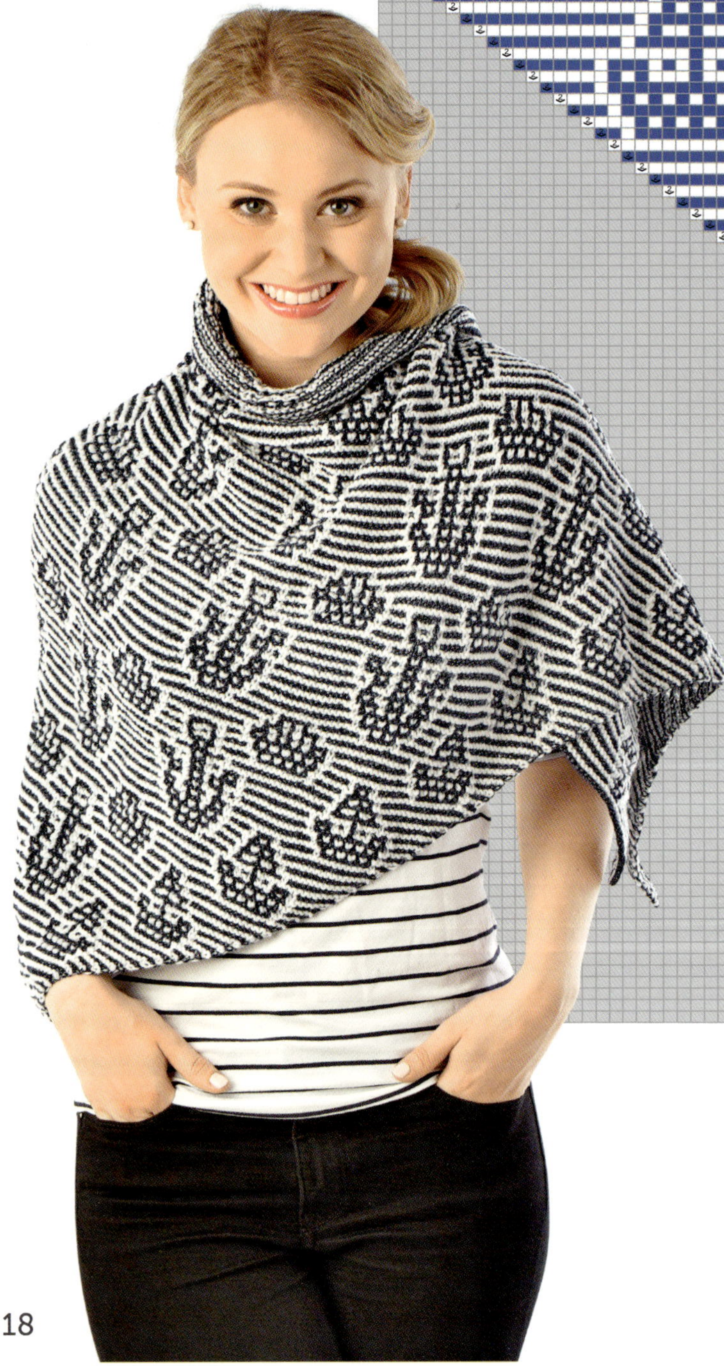

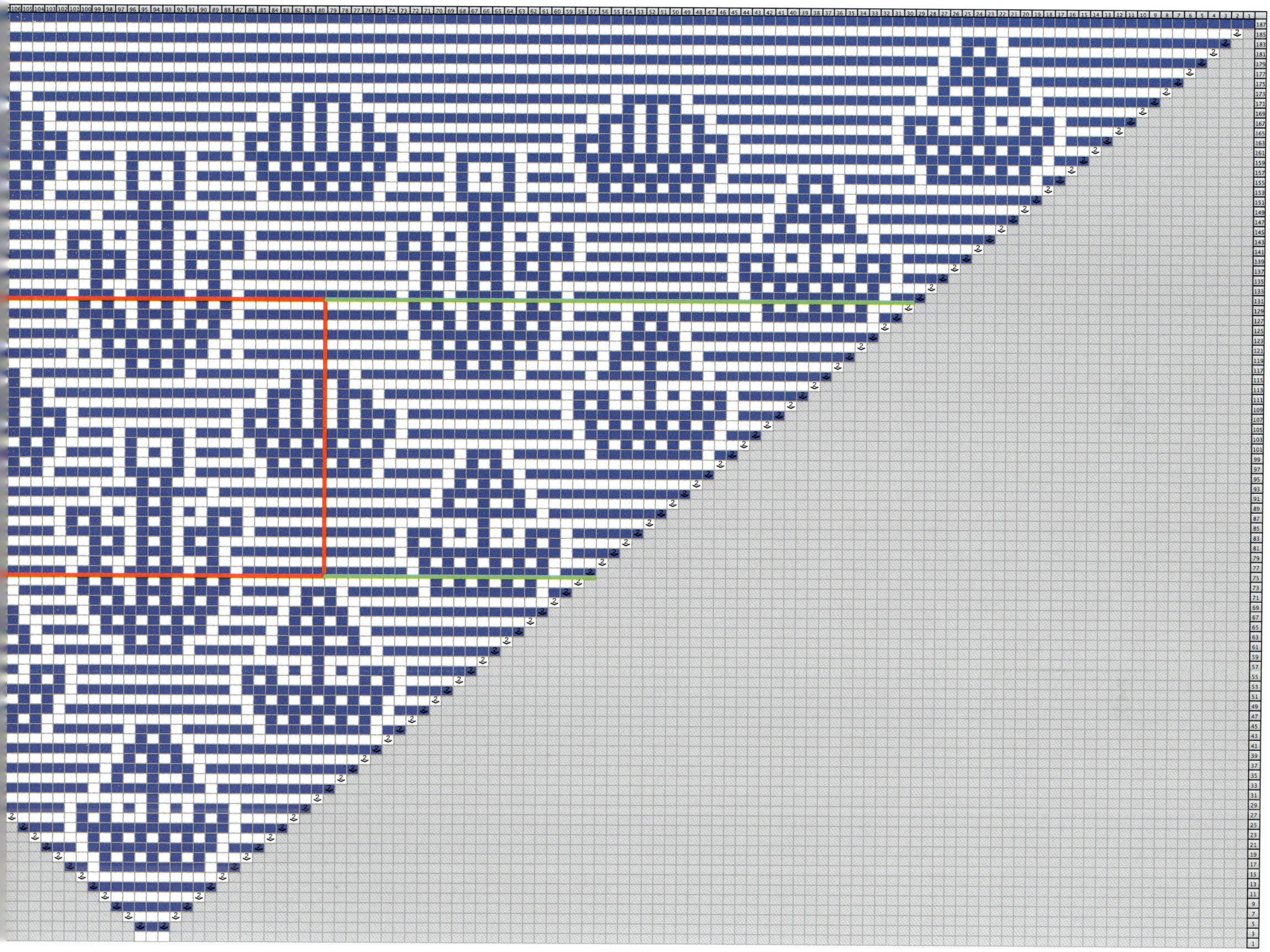

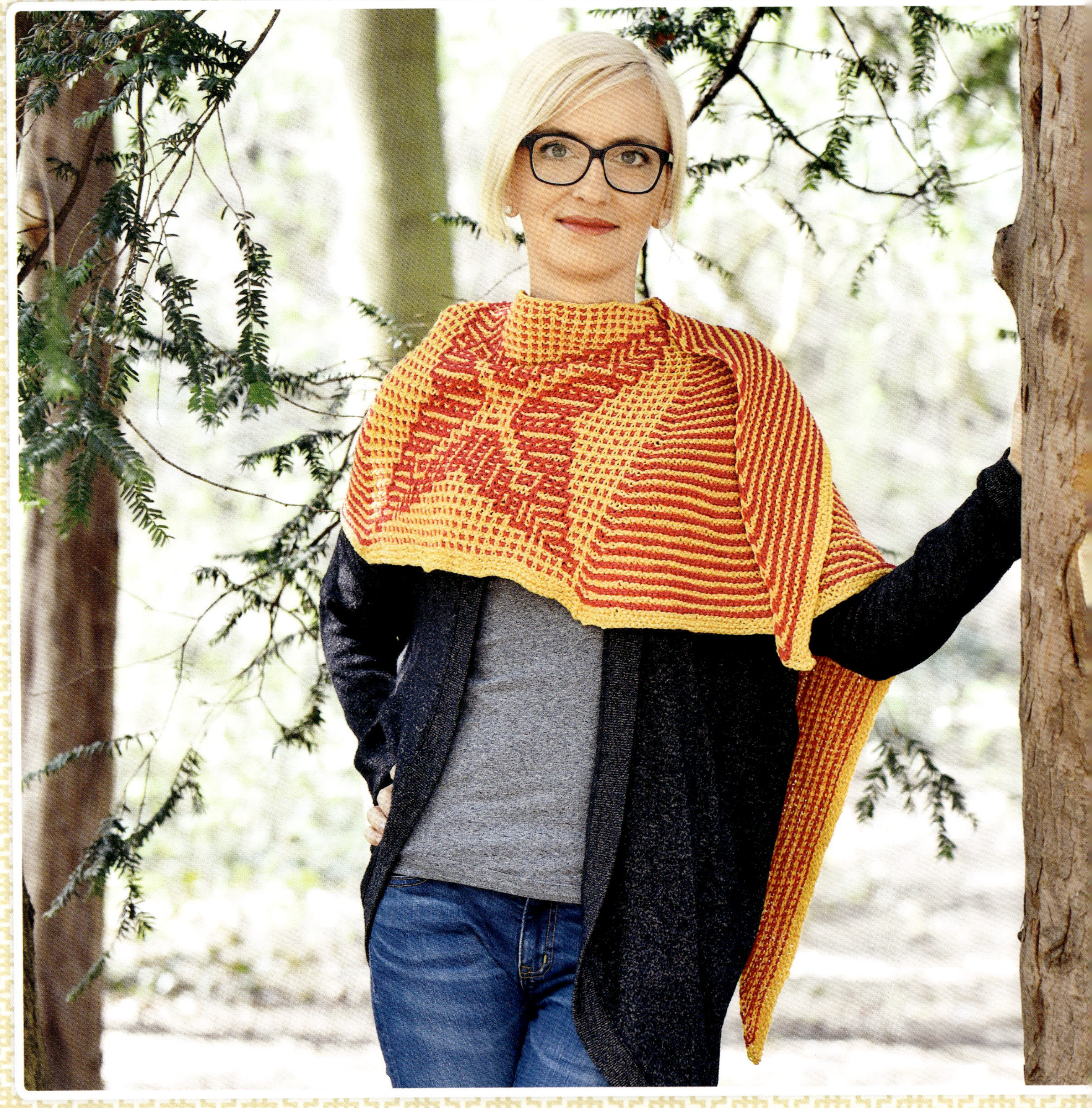

STERNSTUNDE

MATERIAL

- Bergere de France „Bergereine" (50 % Baumwolle, 50 % Kammwolle, Lauflänge 95 m/50 g), 200 g Soleil (Farbe A) und 150 g Framboise (Farbe B)
- Stricknadeln Nr. 4
- 2 Maschenmarkierer

Größe: Spannweite ca. 180 cm, Höhe ca. 35 cm

SO WIRD'S GEMACHT

Das Tuch wird von oben aus der Mitte heraus gestrickt. Das Muster liegt in der Mitte, rechts und links davon 2 dreieckige Flanken im Streifenmuster. Die Größe hängt von der Wollstärke ab, nimmt man ein dünneres Garn, wird das Tuch kleiner, nimmt man ein dickeres Garn, so wird es größer.

Schlage 69 Maschen in Farbe A (Soleil) an und stricke 1 Rückreihe rechte Maschen. Setze dabei nach den ersten 3 Maschen und vor den letzten 3 Maschen einen Maschenmarkierer ein. Dieser Bereich, der von den Markierern eingeschlossen wird, sind die Maschen aus der Strickschrift. Rechts und links davon wird jeweils zugenommen.

Das Tuch wird in einem einfachen Rhythmus kraus rechts gestrickt, auch im Mosaikteil. Dabei wechselst du, wie es für Mosaiktücher typisch ist, am Anfang jeder Hinreihe jeweils die Farbe. Wiederhole nun die folgenden 2 Reihen fortlaufend für das ganze Tuch.

Reihe 1: in Farbe B 1 KFB, rechte Maschen bis 1 Masche vor dem Maschenmarkierer, KBF; die Maschen aus der Strickschrift im Mittelteil wie gezeichnet bis zum Maschenmarkierer stricken, 1 KFB, rechte Maschen bis 1 Masche vor dem Ende stricken, KBF
Reihe 2: in Farbe A 1 Masche links, Maschen bis zum Maschenmarkierer rechts stricken, die Maschen zwischen den Maschenmarkierern im Mosaikmuster kraus rechts stricken, rechte Maschen bis 1 Masche vor dem Ende stricken, letzte Masche links stricken.

So entstehen rechts und links neben dem Mittelmuster zwei Dreiecke, die immer größer werden. Das Mittelmuster verändert sich dabei nicht.

Zum besseren Verständnis gibt es hier eine kleine Skizze:

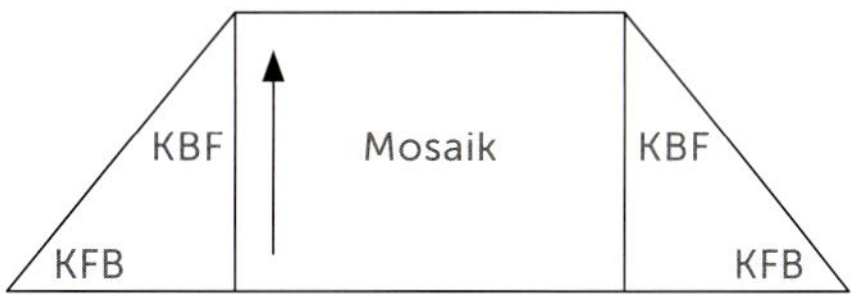

Stricke, wenn du einmal die Strickschrift abgearbeitet hast, noch 2 Reihen rechte Maschen (1 Krausrippe) mit den angegebenen Zunahmen über alle Maschen und kette dann die Arbeit auf der Rückreihe ab. Nun noch waschen und liegend in Form ziehen und schon kann es ausgeführt werden.

Wenn du ein anderes Garn verwendest, achte darauf, dass es dieselbe Stärke hat, wie das hier vorgeschlagene, damit dein Tuch genauso groß wird. Wenn du ein dünneres Garn nimmst, dann empfehle ich dir, nach dem Abarbeiten der Strickschrift entweder noch ein paar weitere Reihen kraus rechts zu stricken, um die entsprechende Größe zu erreichen. Alternativ kannst du auch eine andere Musterborte anzusetzen, zum Beispiel die Rippenborte vom Tuch „Flug des Phönix" (Seite 40).

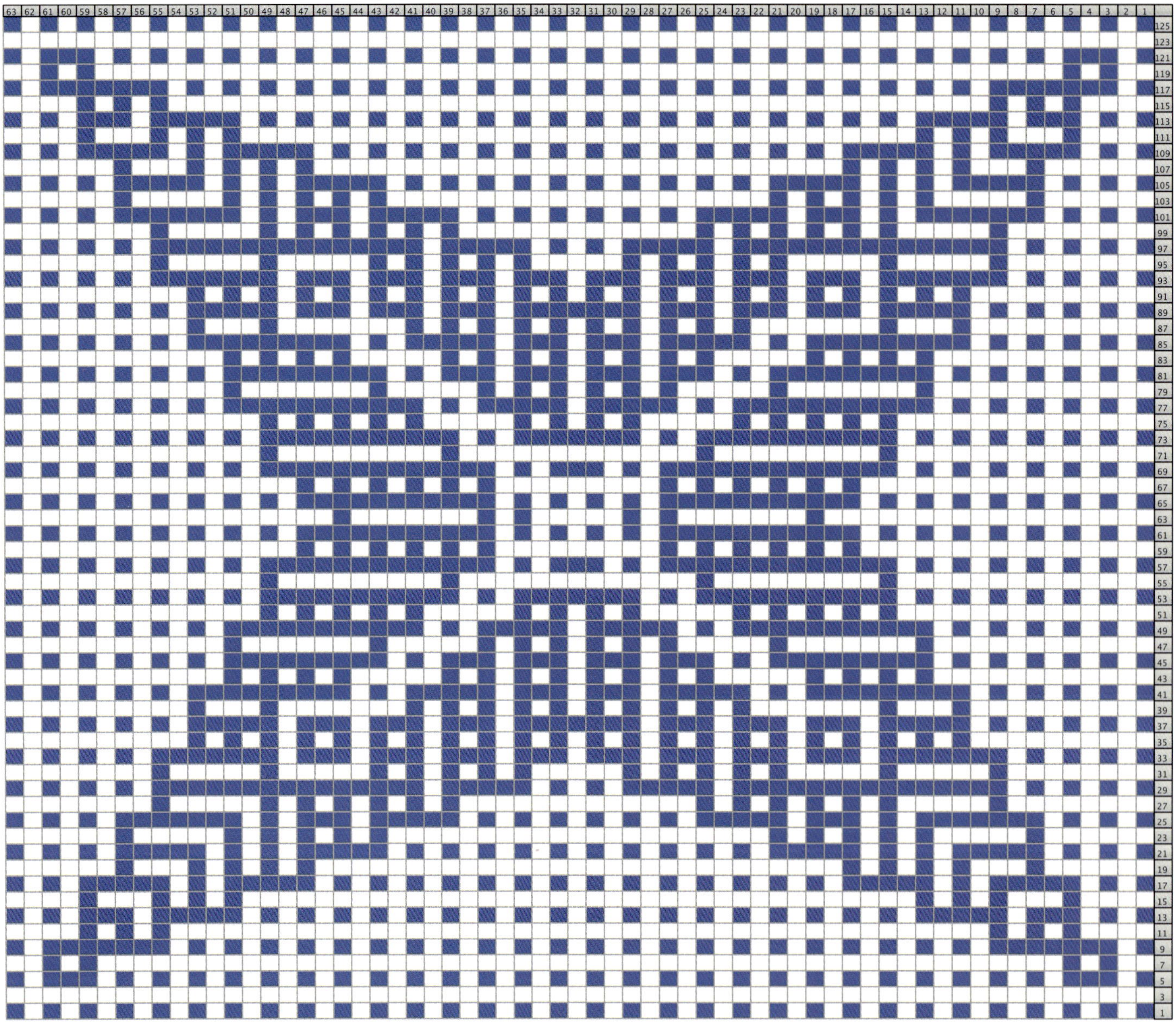

Raum für Individualität:

Du kannst dein Tuch natürlich auch glatt rechts stricken oder die Farben umkehren, und schon erhältst du einen völlig neuen Look. Gefallen dir die Streifen in den Dreiecken an der Seite nicht, musst du hier mit der Intarsientechnik, wie beim Tuch „Erdbeertraum" (Seite 32) beschrieben, arbeiten. Du kannst auch an den Seiten ein kleines Mosaikmuster einarbeiten und hierfür die Musterstreifen aus dem „Dancing in the Rain" (Seite 60), oder dem „Flug des Phönix" (Seite 40) verwenden. Die Dreiecke am Rand kannst du auch komplett mit einem Mosaikmuster versehen.

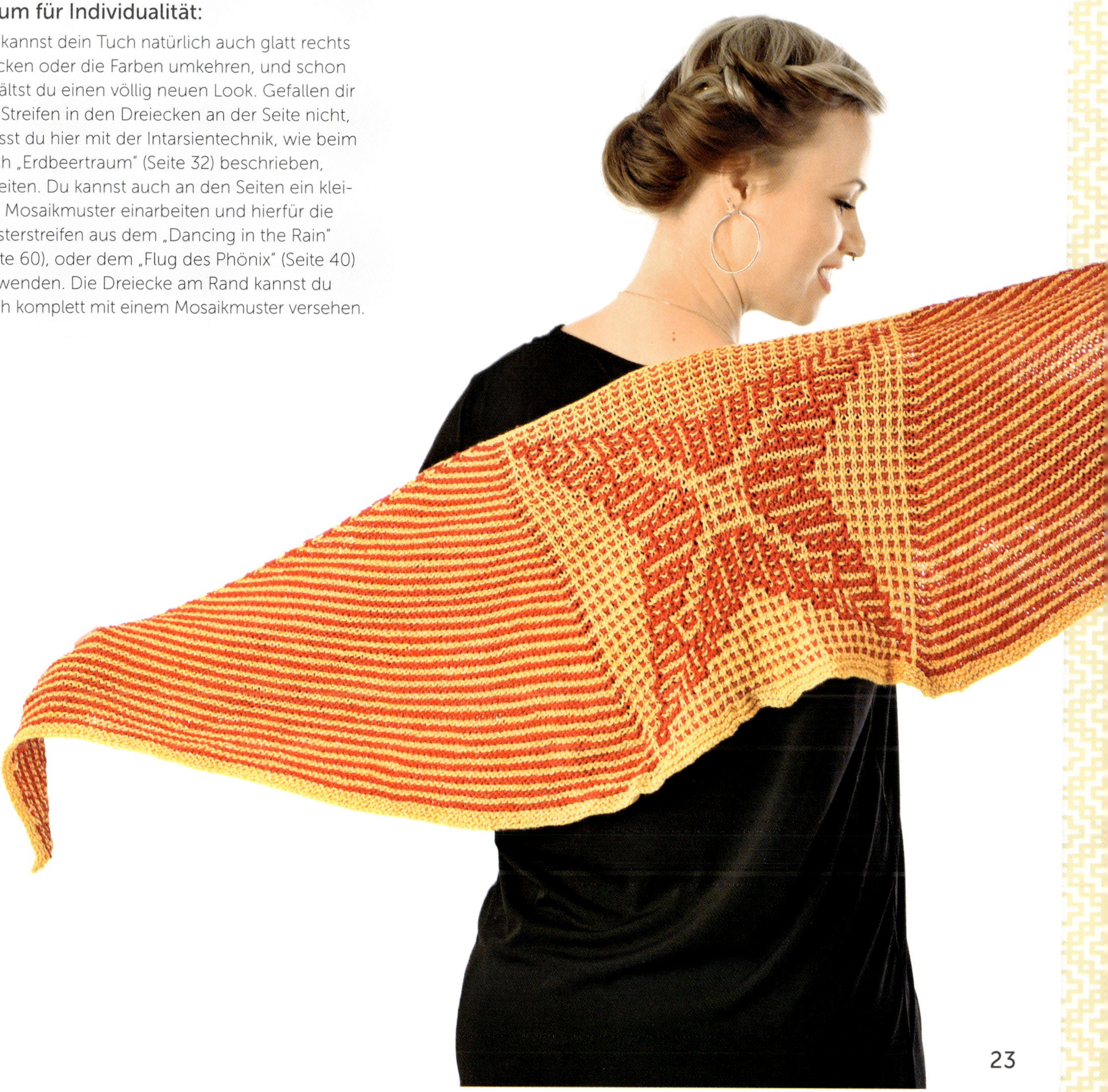

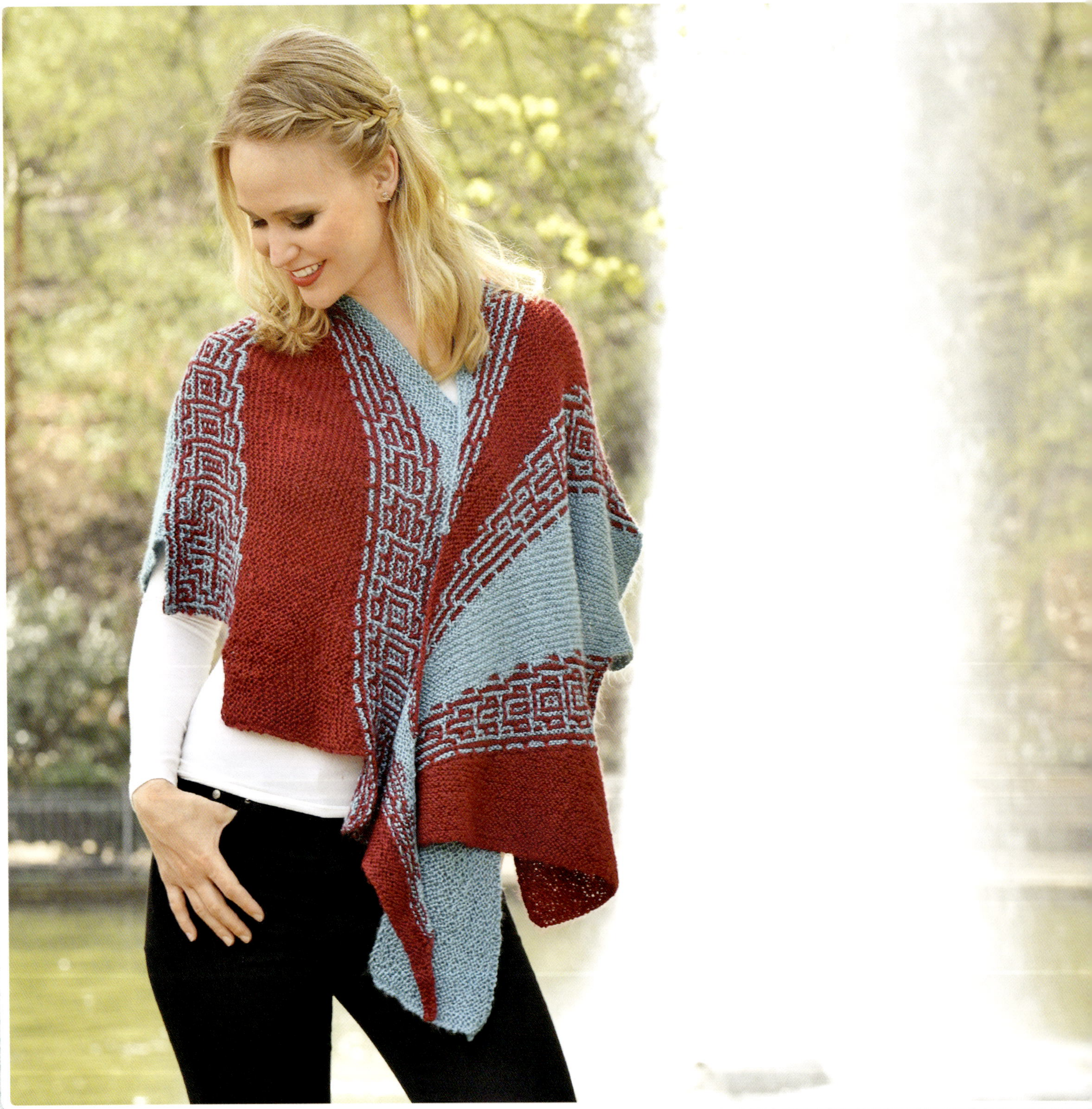

HEISSKALTER FÄCHER

MATERIAL

- Bergere de France „Orilis" (77 % Polyacryl, 18 % Lyocell, 5 % Polyester, Lauflänge 145 m/50 g), je 150 g Bordeaux (Farbe A) und Tourmaline (Farbe B)
- Stricknadeln Nr. 4–4,5

Größe: Spannweite ca. 175 cm, Höhe ca. 45 cm

SO WIRD'S GEMACHT

Das Tuch wird quer mit verkürzten Reihen gestrickt. Es werden mehrere Dreiecke abwechselnd aneinandergestrickt, dadurch bildet sich ein langgezogenes, gezacktes und geschwungenes Tuch. Die Größe lässt sich leicht anpassen, indem einfach weitere Dreiecke gestrickt werden. Die Breite dagegen ist festgelegt: Strickst du mit einem dünneren Garn, so wird das Tuch schmaler, strickst du mit einem dickeren Garn, wird es breiter.

Das Tuch wird kraus rechts abwechselnd mit einfarbigen und Mosaikdreiecken gestrickt. Die Randmaschen werden wie bei den „besonderen Techniken" (siehe Seite 13) beschrieben gearbeitet.

Beachte: Damit die Mosaikstreifen das Tuch nicht so stark zusammenziehen, das Mosaikmuster am besten mit einer halben Nadelstärke größer stricken.

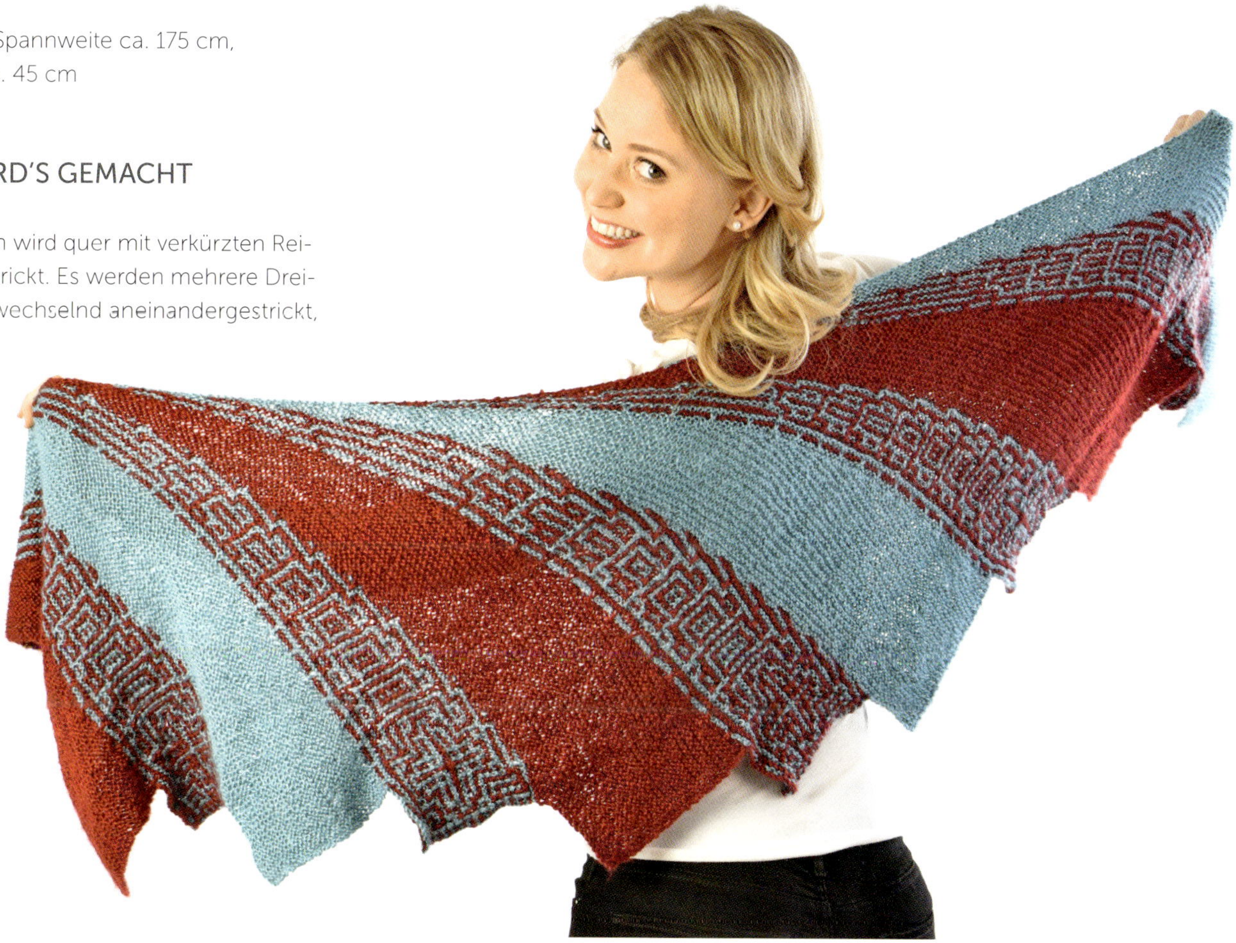

Schlage 130 Maschen in Farbe A (Bordeaux) an und stricke 1 Rückreihe rechte Maschen. Nun wird mit verkürzten Reihen gearbeitet.

Dreieck 1:

126 Maschen stricken, wenden, 1 Wendemasche arbeiten und die Rückreihe rechts stricken. Jetzt die folgenden 2 Reihen fortlaufend wiederholen, bis nur noch 5 Maschen nach der Wendemasche übrig sind:

Reihe 1: rechte Maschen stricken, bis 3 Maschen vor der Wendemasche übrig bleiben, wenden

Reihe 2: Wendemasche arbeiten, rechte Maschen bis zum Ende stricken.

Hast du noch 5 Maschen nach der Wendemasche, stricke dann 1 Hinreihe über alle Maschen darüber weg und arbeite dabei die Wendemaschen ab. Kette nun in der Rückreihe die ersten 15 Maschen ab, stricke die Maschen bis zum Reihenende und nimm dann 15 neue Maschen auf, indem du sie aufstrickst oder mit der Häkelnadel aufhäkelst. Jetzt beginnt Dreieck 2.

Dreieck 2:

Beginne sofort mit Farbe B (Tourmaline) mit dem Mosaikmuster nach der Strickschrift, alle verkürzten Reihen sind gezeichnet. Die Hintergrundfarbe ist hier Farbe B, die Musterfarbe Farbe A. Arbeite in der letzten Reihe der Strickschrift wieder alle Wendemaschen ab. Kette in der letzten Rückreihe die ersten 15 Maschen ab und stricke bis zum Ende rechts. Trenne nun beide Fäden.

Schlage mit Farbe B 15 neue Maschen an und stricke über alle verbleibenden Maschen aus dem Tuch ein neues Dreieck in Farbe B. Stricke dann wie beschrieben Dreieck 2, beginne dabei jedoch mit dem Muster in Farbe A. Die Hintergrundfarbe ist hier Farbe A und die Musterfarbe Farbe B.

Wechsle nun fortlaufend zwischen Dreieck 1 und 2 und wechsle dabei bei jedem Wechsel ebenfalls die Farben, bis die gewünschte Länge erreicht ist. Im abgebildeten Fall wurden 11 Dreiecke gestrickt.

STRICKSCHRIFT

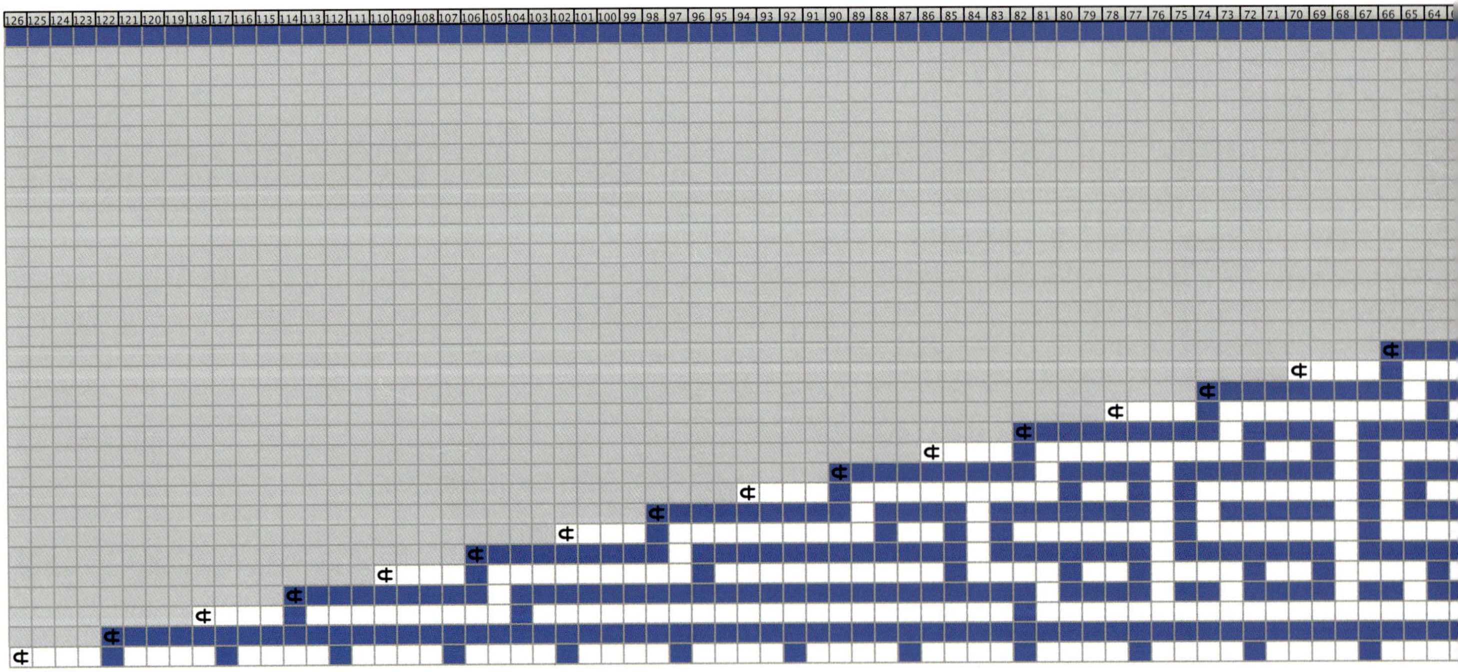

Raum für Individualität:

Du kannst natürlich die Farben tauschen oder auch für deine Mosaikdreiecke 2 neue Farben nehmen. Oder du wechselst einfach nicht nach jeweils 2 Dreiecken die Farbe, sondern bleibst im angegebenen Farbrhythmus, indem du Dreieck 1 immer mit Farbe A strickst und Dreieck 2 immer mit Farbe B beginnst. Du kannst hier unter vielen Farbmöglichkeiten wählen. Gönn dir deinen ganz eigenen Farbrausch!

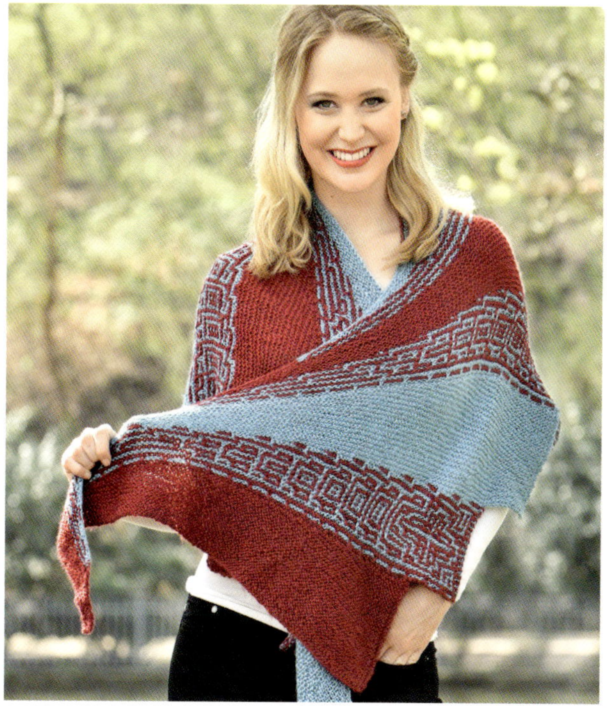

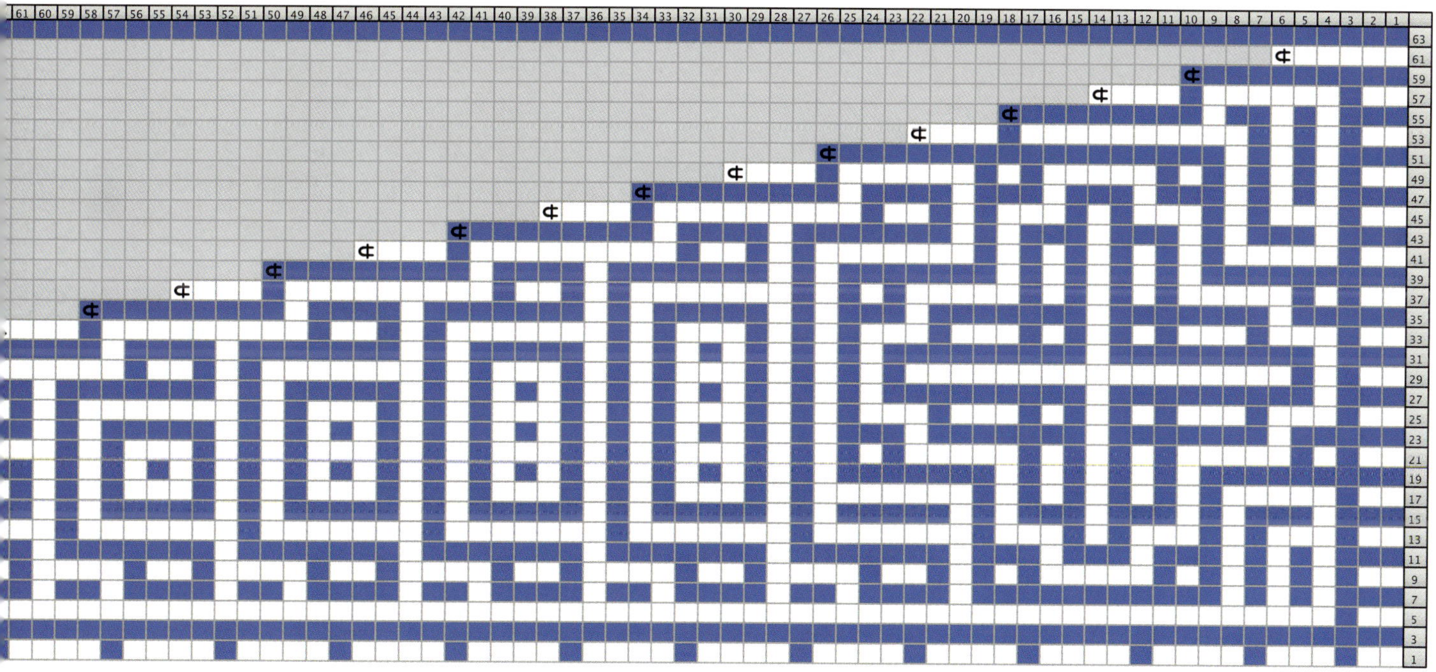

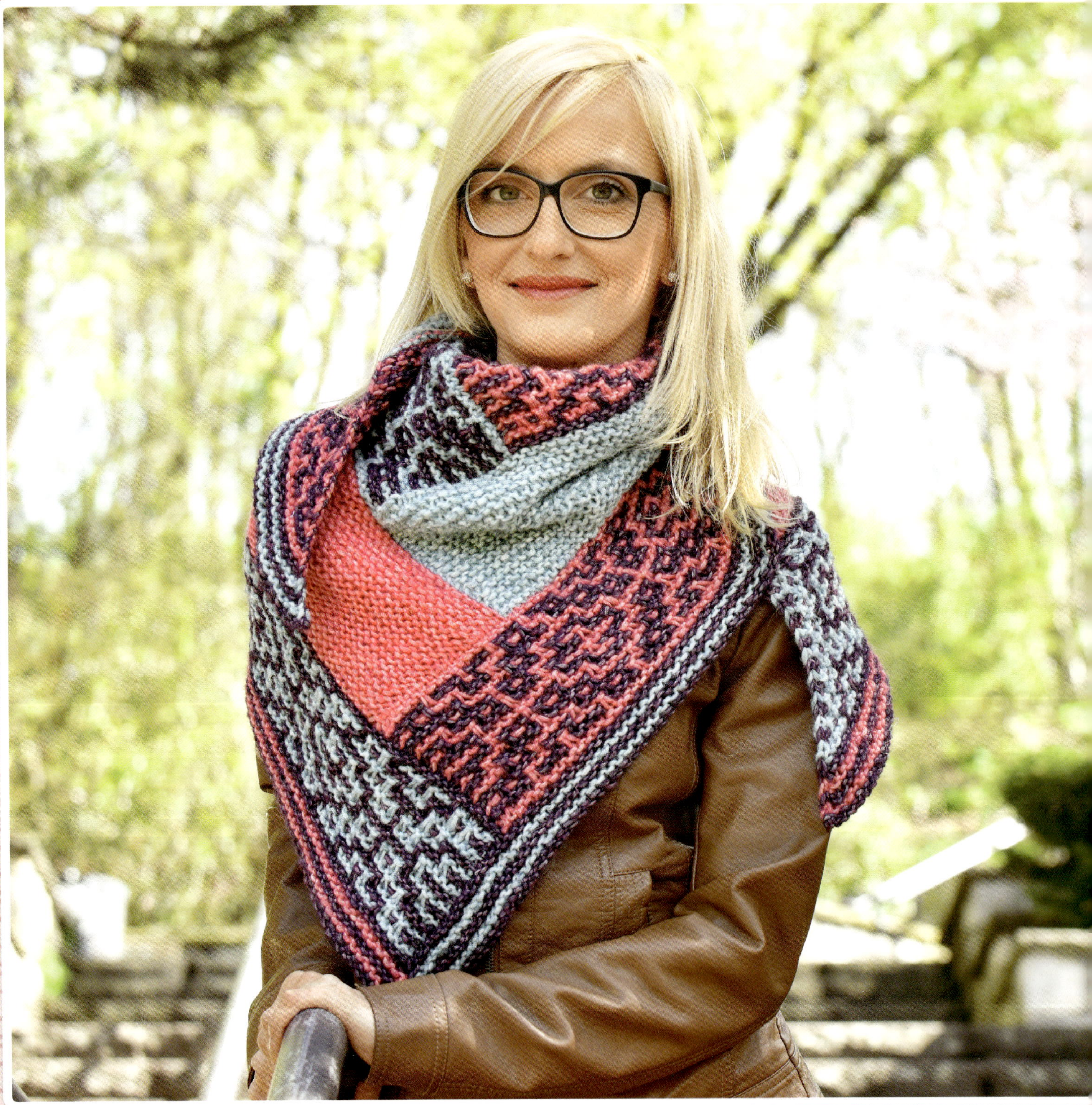

LOG CABIN

MATERIAL

- CraSy „Soft Kiss" (44 % Baumwolle, 22 % Polyacryl, 17 % Alpaka, 17 % Wolle, Lauflänge 110 m/50 g), je 100 g First Kiss Rot (Farbe A), French Kiss Lila (Farbe B) und Sweet Kiss Mint (Farbe C)
- Stricknadeln Nr. 5,5–6

Größe: Spannweite ca. 150 cm, Höhe ca. 75 cm

SO WIRD'S GEMACHT

Das Tuch wird in einzelnen Elementen von oben aus der Mitte heraus kraus rechts gestrickt. Die Größe lässt sich durch mehr oder weniger Wiederholungen der Blöcke leicht anpassen. Die Spannweite ist deine Zunahmekante.

Anfang:

Schlage 3 Maschen in Farbe A (Rot) an und stricke eine Rückreihe rechte Maschen.
Reihe 1: KFB, alle restlichen Maschen rechts stricken
Reihe 2: alle Maschen, inklusive der 1. Masche rechts stricken, die letzte Masche links stricken.
Wiederhole nun diese beiden Reihen, bis du 21 Maschen auf der Nadel hast. Achte darauf, die Randmaschen an den Zunahmekanten in den Rückreihen links und die anderen Randmaschen rechts zu stricken. Sie dürfen nicht abgehoben werden, sonst entstehen später Löcher mitten im Tuch.

Liegen 21 Maschen auf der Nadel, am besten mit einer 2. Nadel arbeiten.
Nun wird in Blöcken gearbeitet, die sich stetig abwechseln. Dabei werden in den Mosaikblöcken jeweils die Rapporte im rot eingerahmten Bereich über die jeweilige Breite des Blockes wiederholt.

Block 1: Kippe deine Arbeit nach rechts und nimm mit Farbe B (Lila) aus der Seitenkante 21 Maschen auf. Beginne damit in der Mitte bzw. an der Spitze des Tuchs und verdopple dabei gleich die letzte Masche, indem du 1 KFB in die letzte aufgenommene Masche arbeitest. In der Rückreihe die 1. Masche links und die restlichen Maschen rechts stricken. Diese Reihe ist nun schon deine Reihe 1 aus der Strickschrift A. Farbe B bildet hier also die Hintergrundfarbe und Farbe A die Musterfarbe. Stricke nun einmal nach der Strickschrift. Nach der letzten Rückreihe werden beide Fäden abgeschnitten, so dass ein Ende zum Vernähen bleibt, und die Maschen auf der Nadel stillgelegt.
Beachte: Die Rückreihen enden hier in der Mitte des Tuches!

Block 2: Kippe die Arbeit nach links. Beginne mit Farbe C (Mint) nun wieder an der anderen Seite des Dreiecks, an der anfänglichen Zunahmekante. Setze hier den Faden neu an und stricke sofort nach Strickschrift B. Die Hintergrundfarbe ist Mint und die Musterfarbe Lila. Nimm in der 1. Reihe aus der Seitenkante des Mosaikstreifens 17 Maschen auf, 1 Masche für jede gestrickte Reihe. Trenne nach der letzten Rückreihe die Fäden, so dass noch genug zum Vernähen bleibt. Die Rückreihe endet hier an der Seite des Tuches.

Block 3: Stricke mit Farbe C. Kippe deine Arbeit wieder nach rechts und nimm, beginnend in der Mitte bzw. an der Spitze des Tuches, aus dem Seitenrand des Mosaikstreifens 17 Maschen auf (1 Masche für jede gestrickte Reihe) und stricke über die restlichen Machen rechts. Arbeite auf der letzten Masche 1 KBF. In der Rückreihe wird die 1. Masche links gestrickt und die restlichen Maschen rechts. Stricke nun 17 Krausrippen, wobei du jeweils die letzte Masche der Hinreihe verdoppelst und die Rückreihen rechts strickst. Schneide nach der letzten Rückreihe (diese endet wieder in der Mitte des Tuches) den Faden ab, lang genug zum Vernähen.

Block 4: Stricke mit Farbe A. Kippe die Arbeit nach links. Beginne wieder an der rechten Seite des Tuches und stricke 17 Krausrippen, wobei du jeweils die 1. Masche der Reihe mittels KFB verdoppelst und in der Rückreihe alle Maschen rechts strickst, nur die letzte Masche links. Nimm dabei in der 1. Reihe am

Ende der Reihe aus dem Seitenrand des zuvor gestrickten Blocks 17 Maschen auf, 1 Masche für jede gestrickte Reihe.

Block 5: Kippe nun wieder die Arbeit nach rechts und nimm beginnend in der Mitte des Tuches mit Farbe A 17 Maschen aus der Seitenkante des vorherigen Blocks auf, stricke dann alle Maschen rechts und verdoppele die letzte Masche. In der Rückreihe nun die 1. Masche links stricken, die restlichen Maschen rechts. Arbeite weiter nach Strickschrift A mit Lila und Reihe 3. Die Hintergrundfarbe ist hier Rot und die Musterfarbe Lila. Die Maschen im rot eingerahmten Bereich bilden den Rapport und werden in der Breite wiederholt. Nach Beenden der Strickschrift wieder die Fäden trennen, so dass genug zum Vernähen bleibt. Die letzte Rückreihe endet in der Mitte des Tuches.

Block 6: Kippe nun wieder die Arbeit nach links. Beginne mit Farbe B (Lila) nun wieder an der anderen Seite des Dreiecks, an der anfänglichen Zunahmekante. Setze hier den Faden neu an und stricke sofort nach Strickschrift B. Die Hintergrundfarbe ist hier Lila und die Musterfarbe Mint. Nimm in der 1. Reihe aus der Seitenkante des Mosaikstreifens 17 Maschen auf, 1 Masche für jede gestrickte Reihe. Die Maschen im rot eingerahmten Bereich bilden den Rapport und werden in der Breite wiederholt. Trenne nach der letzten Rückreihe die Fäden, so dass noch genug zum Vernähen bleibt. Die Rückreihe endet hier an der Seite des Tuches.

STRICKSCHRIFT A

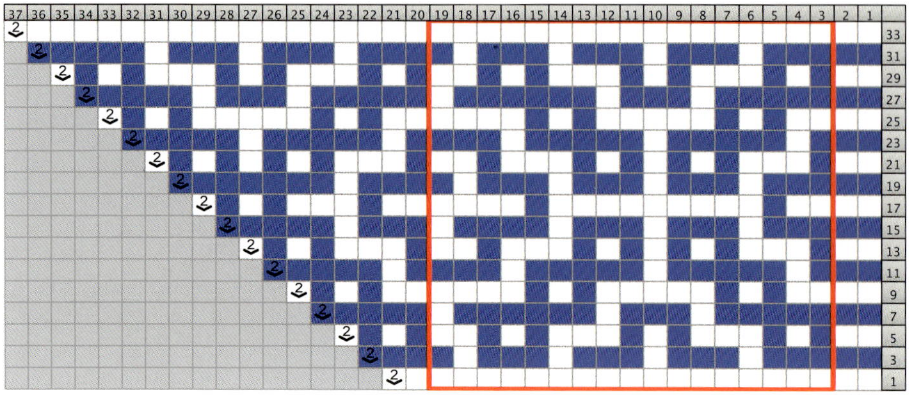

STRICKSCHRIFT B

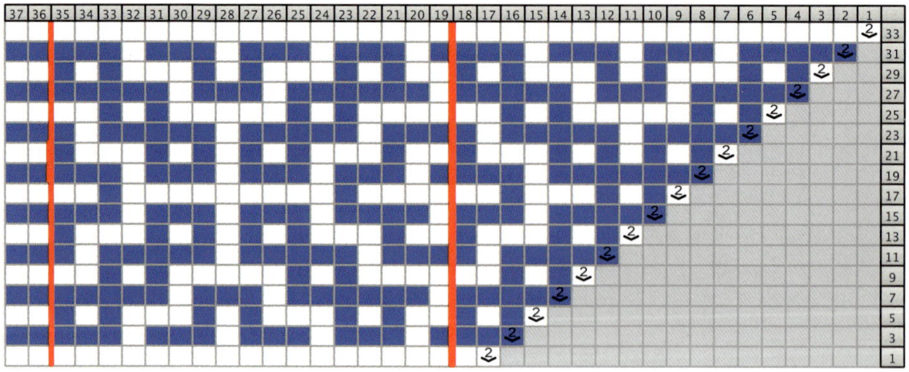

Abschluss: Kippe deine Arbeit nach rechts. Nimm aus der Seitenkante des vorherigen Blockes 17 Maschen mit Farbe B (Lila) auf und stricke die restlichen Maschen rechts, verdoppele dabei die letzte Masche durch 1 KBF. Stricke in der Rückreihe die 1. Masche links, alle folgenden Maschen rechts. Wechsle nun zu Farbe C (Mint) und stricke 1 Hinreihe, bei der du die letzte Masche durch 1 KBF verdoppelst und 1 Rückreihe, bei der du die 1. Masche links und alle restlichen Maschen rechts strickst. Stricke noch 1 weitere Hin- und Rückreihe in Lila wie beschrieben, dann 1 Hin- und Rückreihe in Mint. Beende die linke Seite des Tuches, indem du 1 Hinreihe in Lila strickst, dabei die letzte Masche verdoppelst und dann auf der Rückreihe alle Maschen abkettest. Kippe die Arbeit nun wieder nach links und beginne mit Farbe A (Rot). Verdopple die 1. Masche durch 1 KFB, stricke dann alle Maschen rechts und nimm aus der Seitenkante des Abschlusses 5 Maschen auf. Stricke in der Rückreihe alle Maschen rechts und die letzte Masche links. Wechsle nun zu Farbe B (Lila) und stricke 1 Hinreihe, bei der du die 1. Masche verdoppelst und die restlichen Maschen rechts strickst. Stricke in der Rückreihe alle Maschen rechts und die letzte Masche links. Arbeite nun noch 1 Hin- und Rückreihe in Rot wie beschrieben. Wechsele für die letzte Reihe wieder zu Lila, verdoppele die 1. Masche und stricke alle restlichen Maschen der Reihe rechts. Drehe am Ende der Reihe die Arbeit nicht um, sondern nimm aus der Seitenkante des eben gestrickten Blockes 3 Maschen auf, aus jeder Reihe eine. Kette nun alle Maschen in der Rückreihe ab. Dein neues, kuschliges Lieblingsstück ist nun schon fast fertig. Jetzt noch alle Fäden vernähen und einmal baden und schon kannst du es ausführen.

Damit du das auch gut nachvollziehen kannst, hier noch eine kleine Skizze zum Tuch, die Pfeile kennzeichnen jeweils die Strickrichtung:

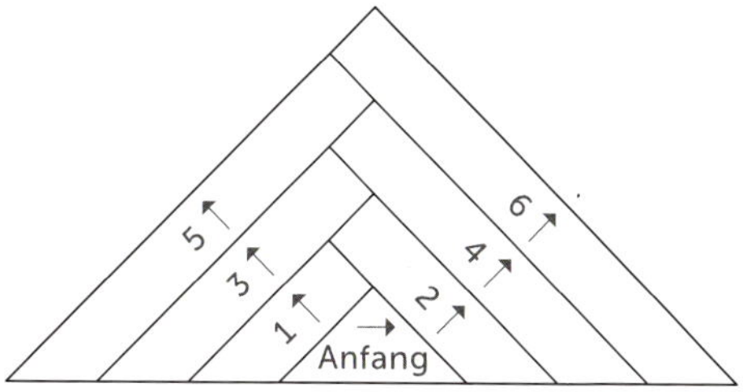

Raum für Individualität:

Du kannst die Farben wechseln oder abwechselnd einen Mosaikblock und einen einfarbigen Block stricken. Das Tuch kann auch nur aus Mosaikblöcken zusammengesetzt oder mit mehreren Farben gearbeitet werden. Die glatten Streifen kannst du auch verschmälern. Damit es jeweils später wieder einen vollständigen Mosaik-Rapport gibt, musst du in Block 3 8 Krausrippen arbeiten und in Block 4 9 Krausrippen oder umgekehrt. Deiner Fantasie sind hier keine Grenzen gesetzt. Am besten nimmst du dir einen Skizzenblock und zeichnest dir deine Blöcke auf, bevor du mit dem Stricken beginnst.

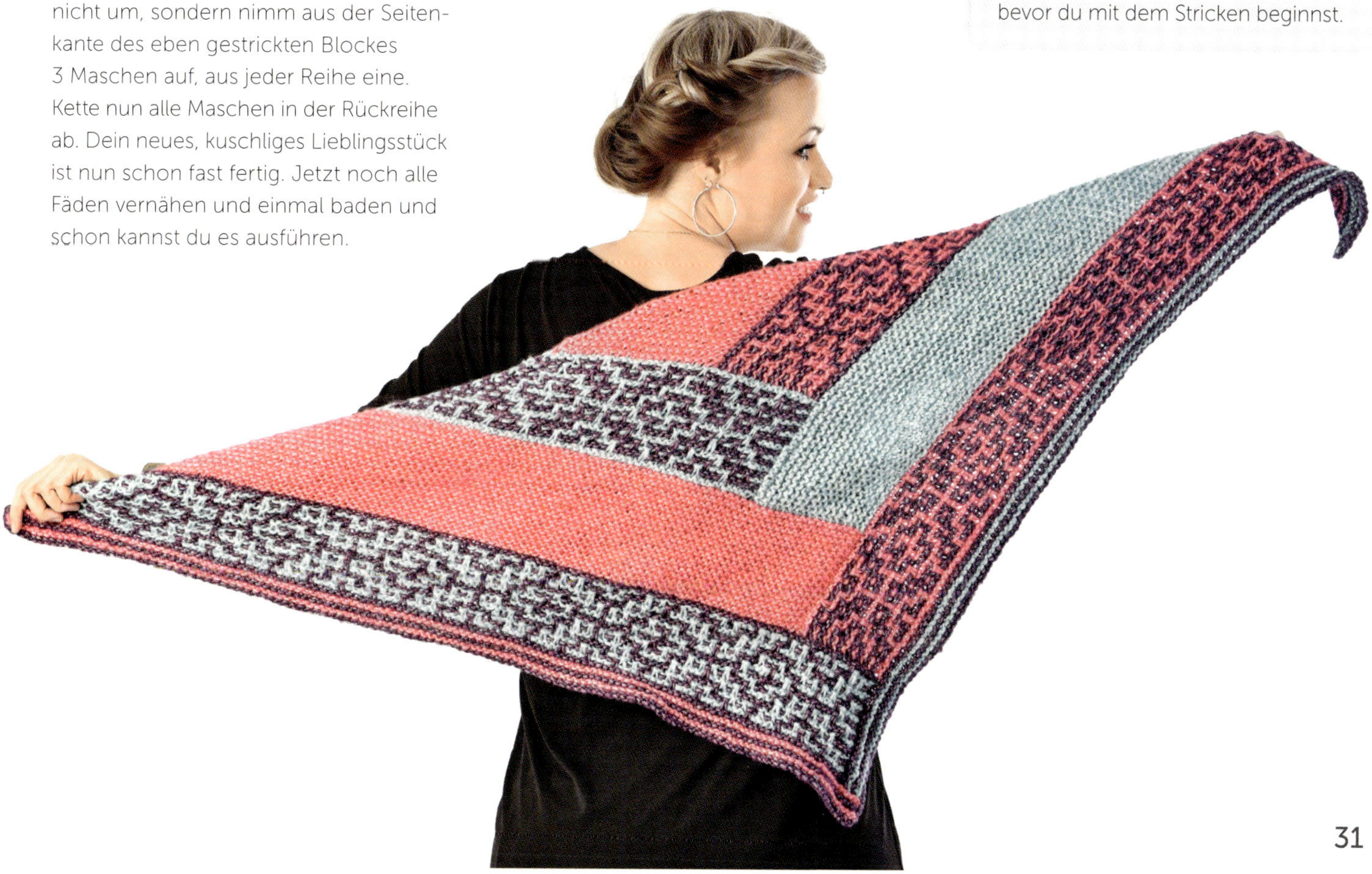

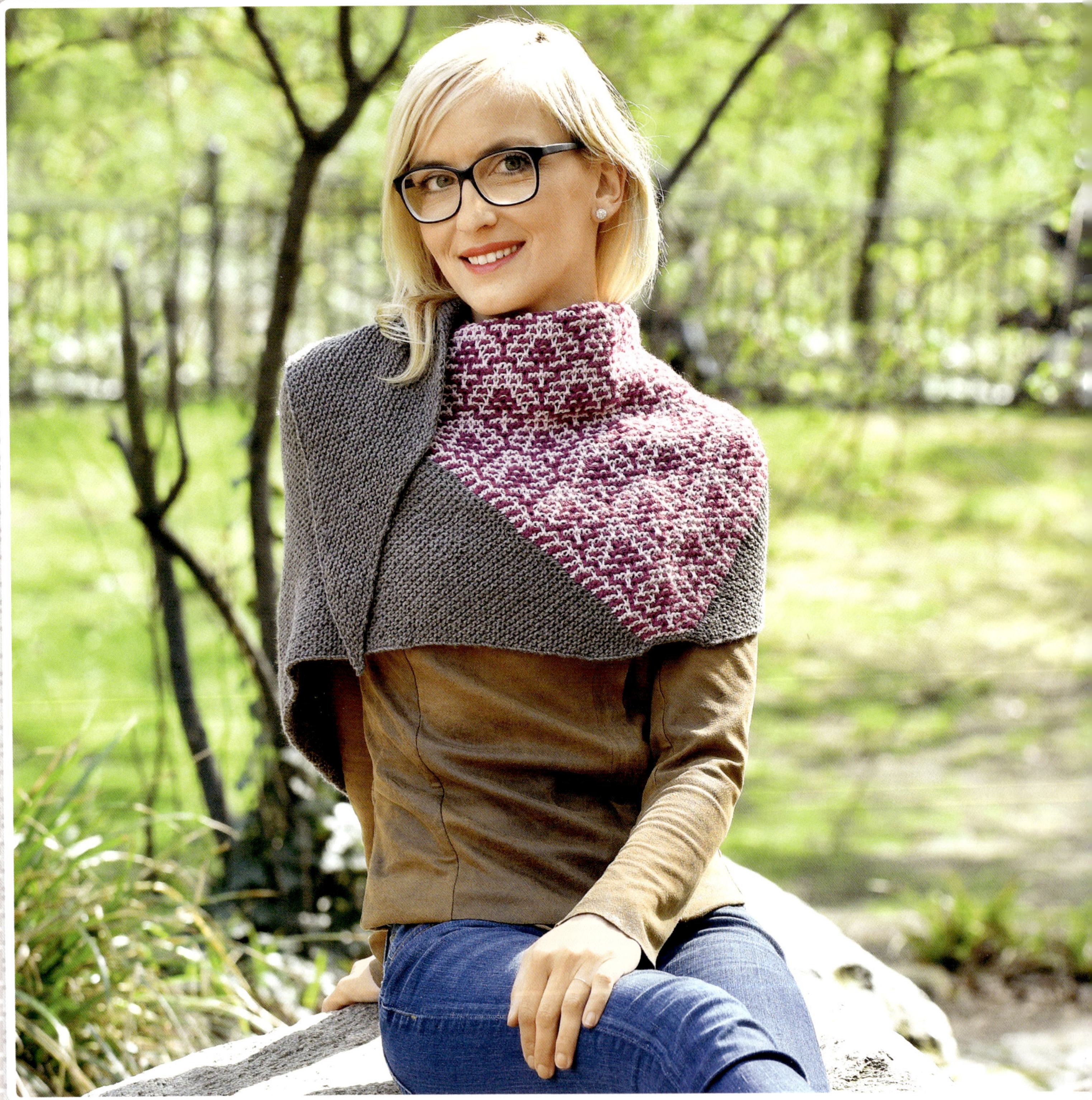

ERDBEERTRAUM

MATERIAL

- Lang Yarns „Cashmere Cotton" (55 % Kaschmir, 45 % Baumwolle, 85 m/25 g), 150 g Grau (Farbe A), 50 g Rosa (Farbe B) und 50 g Fuchsia (Farbe C)
- Stricknadeln Nr. 4,5
- 2 Maschenmarkierer

Größe: Spannweite ca. 160 cm, Höhe ca. 40 cm

SO WIRD'S GEMACHT

Das Tuch wird oben aus der Mitte heraus in einer Kombination aus Intarsien- und Mosaiktechnik gestrickt. Es entstehen so 3 nebeneinander liegende Dreiecke, die immer breiter werden. Die Größe lässt sich leicht anpassen, denn die rechte und linke Zunahmekante bildet die Spannweite.

Schlage in Farbe A (Grau) 15 Maschen an und stricke 1 Rückreihe rechte Maschen. Hänge dir dabei auf der Rückreihe nach den ersten 3 Maschen und vor den letzten 3 Maschen jeweils einen Maschenmarkierer ein.

Jetzt kommt Farbe ins Spiel, nämlich die Farben für das Mosaik. Stricke dabei mit 4 Knäueln gleichzeitig – keine Sorge, das ist leichter, als du denkst. Das Tuch wird in Intarsientechnik (siehe „Besondere Techniken" Seite 14) gestrickt, mit dem Mosaikmuster in der Mitte. Achte dabei darauf, dass du die Fäden beim Farbwechsel immer kreuzt, damit die Farbflächen gut miteinander verbunden sind. Die Knäuelfolge für das Tuch ist wie folgt:
Rechtes Dreieck: 1 Knäuel Grau (Farbe A)
Mitte: je 1 Knäuel Rosa + Fuchsia (Farbe B + C)
Linkes Dreieck: 1 Knäuel Grau (Farbe A). Wechsele jeweils an den Maschenmarkierern die Farbe und damit auch die Knäuele. Vergiss hierbei nicht, die Fäden zu kreuzen.

Die folgenden 4 Reihen werden nun fortlaufend wiederholt:
Reihe 1: Farbe A (Grau), Knäuel 1, 1 KFB, rechte Maschen bis zum Maschenmarkierer stricken, Maschenmarkierer überheben, zu Farbe B (Rosa) wechseln und Fäden kreuzen, nun die Maschen zwischen den Maschenmarkierern der Strickschrift folgend im Mosaikmuster mit allen gezeichneten Zunahmen stricken, Maschenmarkierer überheben, zu Farbe A (Grau), Knäuel 2 wechseln und dabei die Fäden kreuzen, rechte Maschen bis 1 Masche vor dem Ende stricken, 1 KBF
Reihe 2: Farbe A (Grau), Knäuel 2, 1 Masche links, rechte Maschen bis zum Maschenmarkierer stricken, Maschenmarkierer überheben, zu Farbe B (Rosa) wechseln und Fäden kreuzen, die Rückreihe des Mosaikmusters bis zum nächsten Maschenmarkierer stricken, zu Farbe A (Grau), Knäuel 1 wechseln, Fäden kreuzen, rechte Maschen bis 1 Masche vor dem Ende stricken, letzte Masche links.
Reihe 3: Farbe A (Grau), Knäuel 1, 1 KFB, rechte Maschen bis zum Maschenmarkierer stricken, Maschenmarkierer überheben, zu Farbe C (Fuchsia) wechseln und Fäden kreuzen, nun die Maschen zwischen den Maschenmarkierern der Strickschrift folgend im Mosaikmuster mit allen gezeichneten Zunahmen stricken, Maschenmarkierer überheben, zu Farbe A (Grau), Knäuel 2 wechseln, Fäden kreuzen, rechte Maschen bis 1 Masche vor dem Ende stricken, 1 KBF
Reihe 4: Farbe A (Grau), Knäuel 2, 1 Masche links, rechte Maschen bis zum Maschenmarkierer stricken, Maschenmarkierer überheben, zu Farbe C (Fuchsia) wechseln und Fäden kreuzen, die Rückreihe des Mosaikmusters bis zum nächsten Maschenmarkierer stricken, zu Farbe A (Grau), Knäuel 1 wechseln, Fäden kreuzen, rechte Maschen bis 1 Masche vor dem Ende stricken, letzte Masche links.

STRICKSCHRIFT

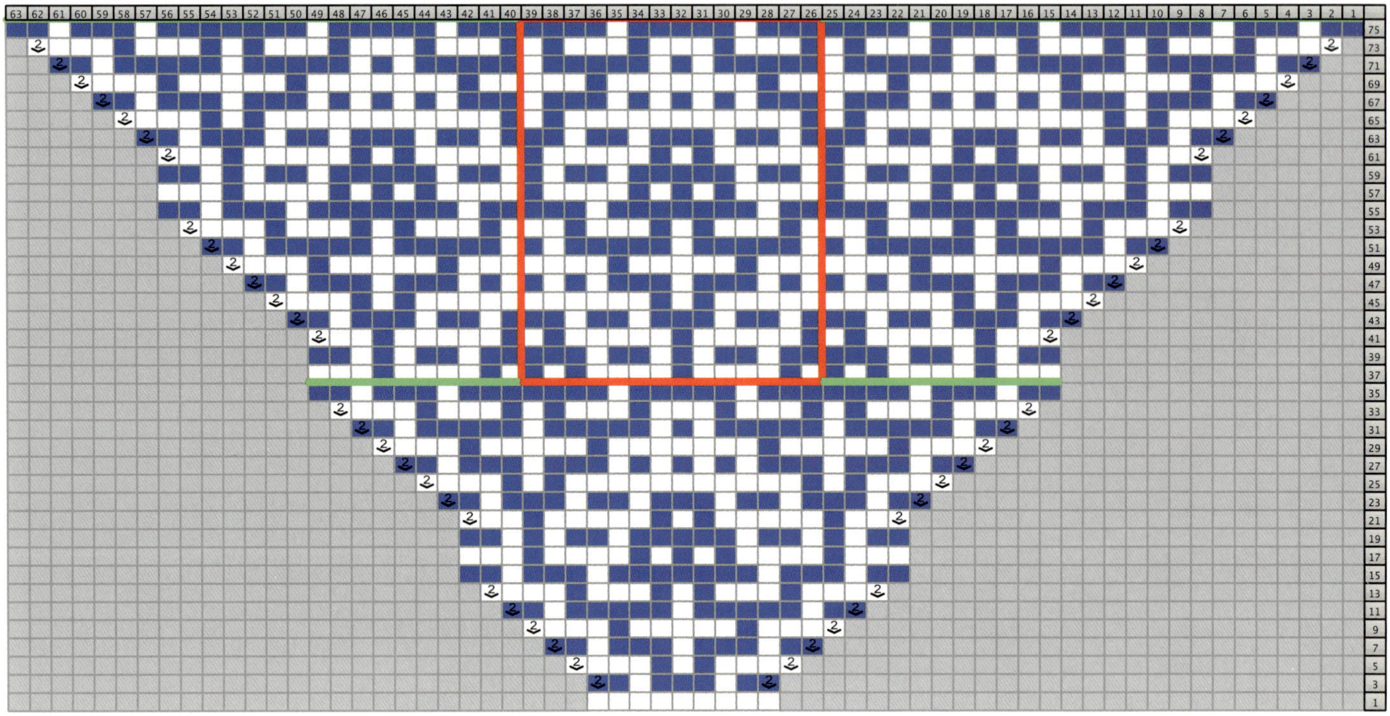

Um das besser zu verdeutlichen, gibt es hier eine kleine Skizze:

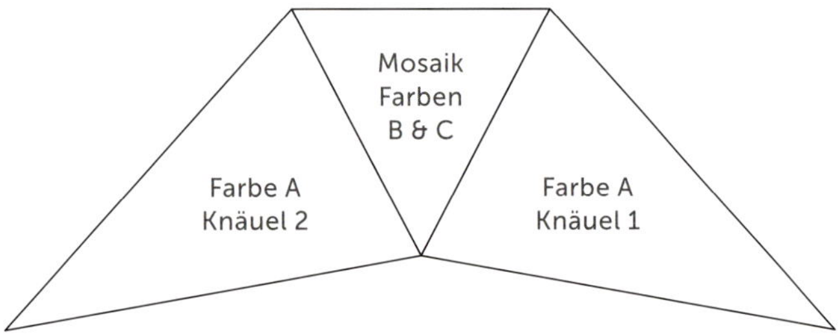

Wenn dir das Stricken mit den Intarsien zu kompliziert ist, kannst du statt der einfarbigen Dreiecke rechts und links das Tuch auch einfach zweifarbig stricken. Die Dreiecke an den Seiten erhalten dann ein Streifenmuster. Dann musst du wie folgt stricken:

Reihe 1: Farbe wechseln, 1 KFB, rechte Maschen bis zum Maschenmarkierer, die Maschen aus der Strickschrift im Mittelteil wie gezeichnet bis zum Maschenmarkierer stricken, rechte Maschen bis 1 Masche vor dem Ende stricken, KBF
Reihe 2: 1 Masche links, Maschen bis zum Maschenmarkierer rechts stricken, die Maschen zwischen den Maschenmarkierern im Mosaikmuster kraus rechts in der Rückreihe stricken, rechte Maschen bis 1 Masche vor dem Ende stricken, letzte Masche links stricken.

Stricke nach diesem Schema nun das ganze Tuch. Die Dreiecke an den Seiten und in der Mitte werden hier immer breiter. Wiederhole in der Strickschrift dann in der Höhe die Reihen zwischen den grünen Linien. In der Breite wird der rot eingerahmte Bereich als Mustersatz wiederholt. Du kannst hier die Wiederholungen so oft stricken, bis das Tuch die gewünschte Größe hat. Beachte dabei, dass die Spannweite auf jeden Fall mindestens 1,50 m sein sollte. Im abgebildeten Tuch wurde der grün eingerahmte Bereich 3x wiederholt.

Stricke zum Abschluss nach der letzten Reihe noch 1 Reihe wie folgt:
Farbe A (Grau) Knäuel 1, 1 KFB, rechte Maschen bis zum Maschenmarkierer stricken, Maschenmarkierer überheben, zu Farbe B (Rosa) wechseln und Fäden kreuzen, rechte Maschen bis zum Maschenmarkierer stricken, Maschenmarkierer überheben, zu Farbe A (Grau) Knäuel 2 wechseln, Fäden kreuzen, rechte Maschen bis 1 Masche vor dem Ende stricken, 1 KBF.
Kette in der Rückreihe die Maschen in der Farbfolge wie eben gestrickt ab. Nun noch die Fäden unsichtbar vernähen, baden und in Form ziehen, schon kann es ausgeführt werden.

Raum für Individualität:
Bei diesem Tuch kannst du prima mit Farben experimentieren! So kannst du für ein vierfarbiges Tuch das rechte und linke Dreieck in komplett anderen Farben stricken oder für ein zweifarbiges Tuch nach der Anleitung im Kasten stricken. Den Seiten kannst du auch noch ein Mosaikmuster geben und hier beispielsweise die Musterstreifen aus dem Log-Cabin-Tuch (Seite 28) oder dem Tuch „Keltischer Knoten" (Seite 64) nehmen.

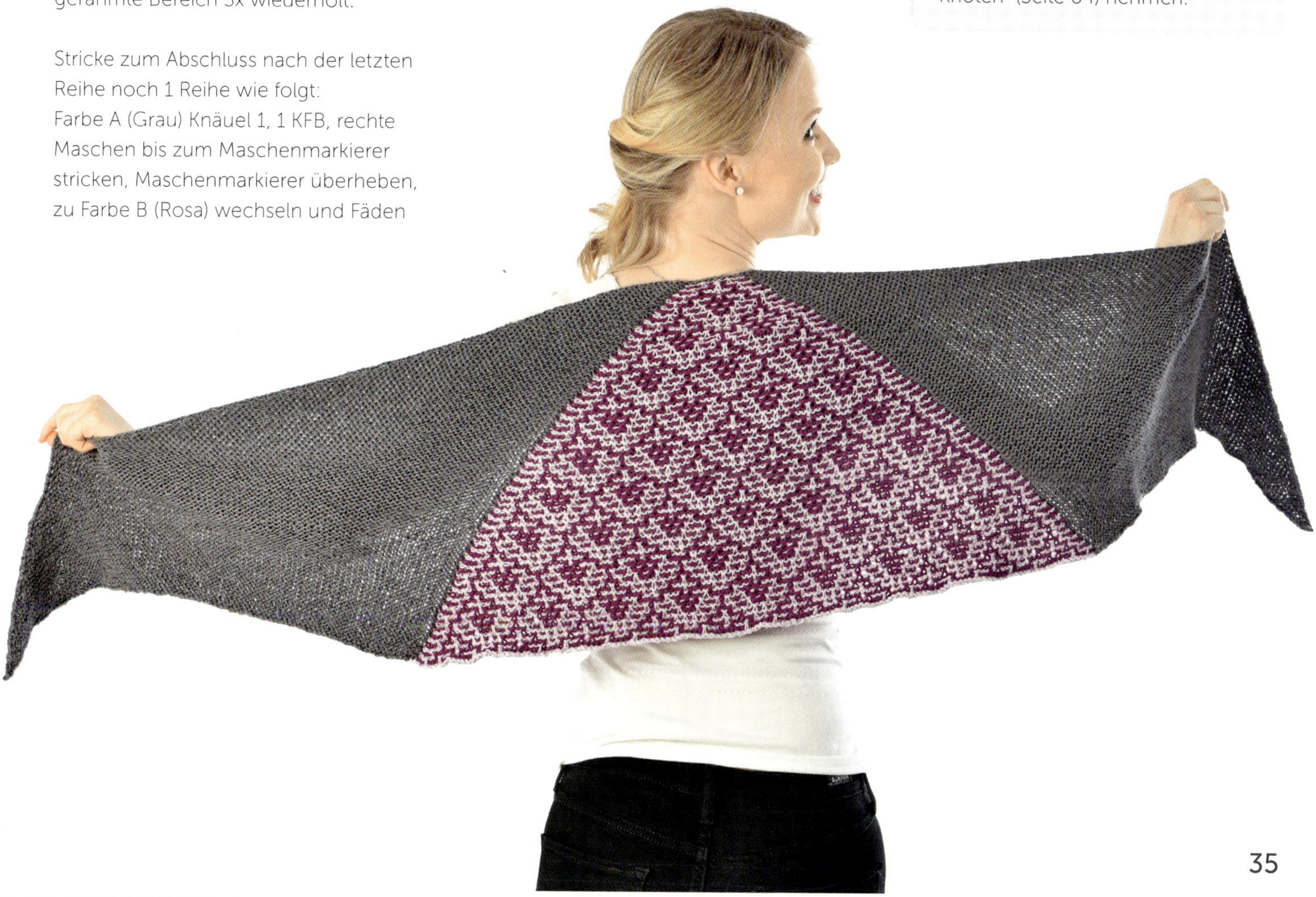

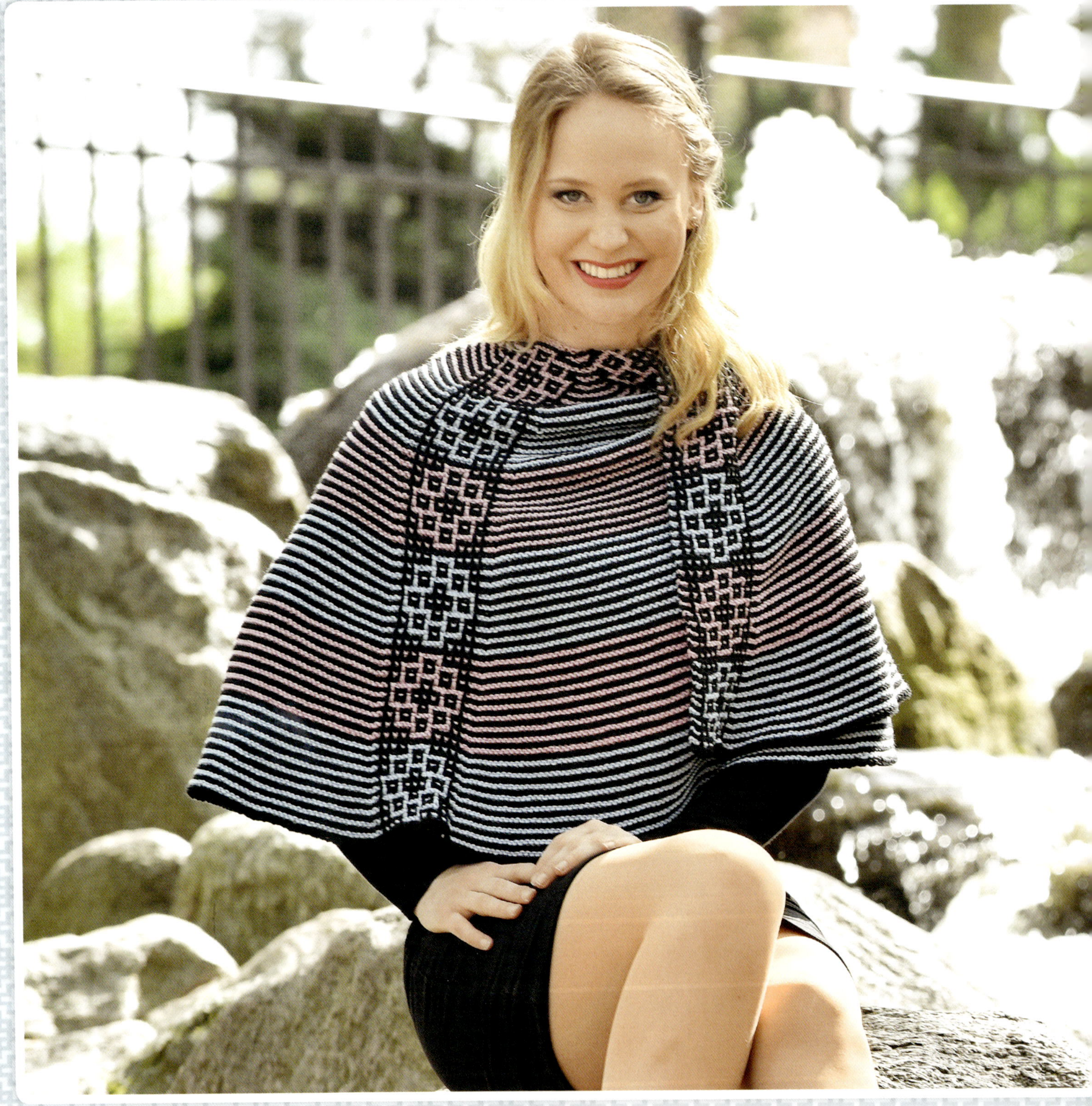

BLUMENKRANZ

MATERIAL

- Schulana „Cotimera“ (90 % Baumwolle, 10 % Cashmere, Lauflänge 100 m/ 50 g), 250 g Schwarz (Farbe A), je 100 g in Puderrosa mélange (Farbe B) und Marineblau (Farbe C)
- Stricknadeln Nr. 4
- 6 Maschenmarkierer

Größe: Spannweite ca. 150 cm, Höhe ca. 55 cm

SO WIRD'S GEMACHT

Das Tuch wird kraus rechts von oben aus der Mitte heraus gestrickt und bildet eine geschwungene, runde Form. Hierfür werden 4 Musterstreifen gestrickt, dazwischen bilden sich Dreiecke im Streifenmuster. Die Größe lässt sich leicht anpassen, denn die rechte und linke Zunahmekante bildet die Spannweite.

Schlage 12 Maschen in Farbe A (Schwarz) an, lasse dir dabei einen langen Anfangsfaden, den brauchst du später. Jetzt 1 Rückreihe rechte Maschen stricken, diese Reihe ist bereits Reihe 1 aus der Strickschrift. Hänge dir auf der Rückreihe jeweils nach 3 Maschen einen Maschenmarkierer ein.

Nun wird nach der Strickschrift gearbeitet, beginnend mit Reihe 3. Die Hintergrundfarbe ist Schwarz, die Musterfarbe Puderrosa (oder auch Marineblau, wenn du möchtest). Wiederhole dabei die Strickschrift 4x in der Breite und stricke zunächst die Reihen 1–22.

Ab Reihe 23 entstehen die Dreiecke. Setze dafür nun die Maschenmarkierer dort ein, wo die senkrechte schwarze Linie in der Strickschrift gezeichnet ist.

Die Maschen rechts und links des eingerahmten Musterbereiches stehen bei den beiden äußeren Musterstreifen für die Randmaschen, bei den mittleren Musterstreifen stehen sie stellvertretend für den immer breiter werdenden Bereich dazwischen. Stricke ab Reihe 23 wie folgt:

Hinreihen in Rosa oder Blau: Masche rechts des eingerahmten Bereiches = Randmasche, Maschen aus dem eingerahmten Bereich, bis zum Maschenmarkierer, KFB, rechte Maschen bis zum nächsten Maschenmarkierer, KBF, Maschen aus dem eingerahmten Bereich, KFB, rechte Maschen bis zum nächsten Maschenmarkierer, KBF, Maschen aus dem eingerahmten Bereich, KFB, rechte Maschen bis zum nächsten Maschenmarkierer, KBF, Maschen aus dem eingerahmten Bereich, Masche links vom eingerahmten Bereich = Randmasche.

Hinreihen in Schwarz: Masche rechts des eingerahmten Bereiches = Randmasche, Maschen aus dem eingerahmten Bereich bis zum Maschenmarkierer, rechte Maschen bis zum nächsten Maschenmarkierer, Maschen aus dem eingerahmten Bereich, rechte Maschen bis zum nächsten Maschenmarkierer, Maschen aus dem eingerahmten Bereich, rechte Maschen bis zum nächsten Maschenmarkierer, Maschen aus dem eingerahmten Bereich, Masche links vom eingerahmten Bereich = Randmasche.

So nimmst du ab Reihe 23 nur noch in den farbigen Reihen weitere Maschen zu, und nicht mehr in den schwarzen.

In den Rückreihen werden alle Maschen rechts und die Maschen im Mosaikmuster dem Mosaikmuster entsprechend gestrickt.

STRICKSCHRIFT

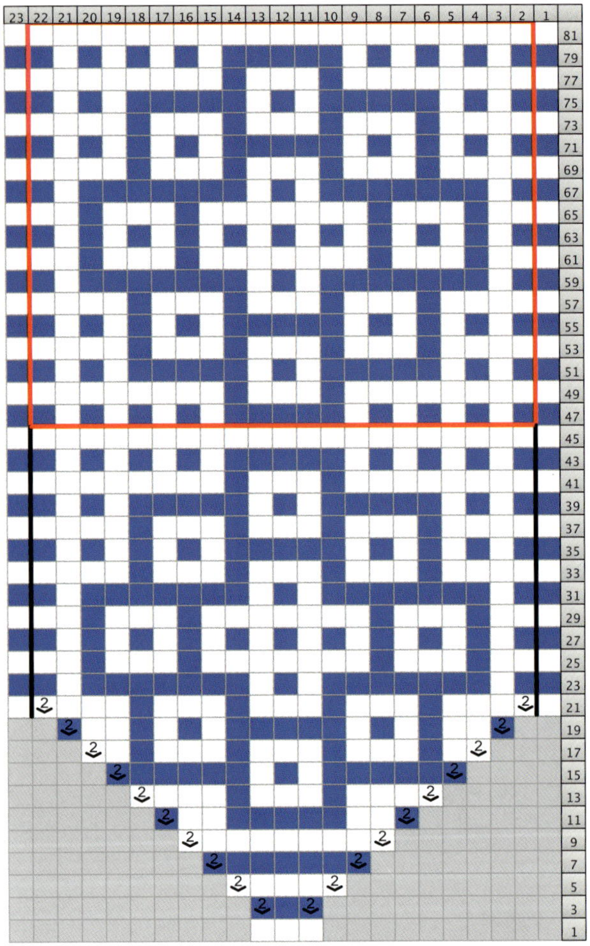

Die folgende Skizze verdeutlicht das noch einmal:

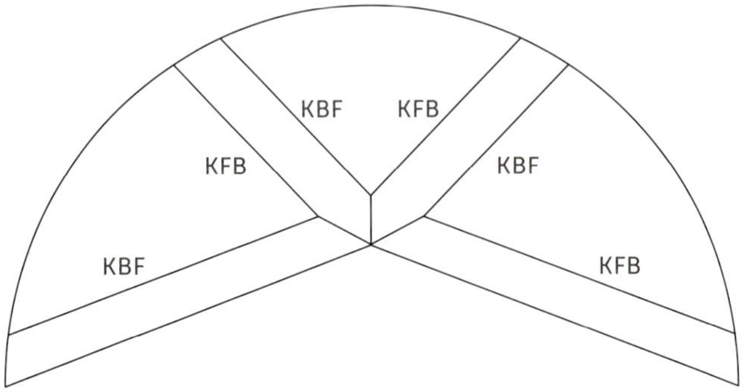

Nach der ersten Blüte im Musterstreifen werden die Maschen im Musterstreifen (rot eingerahmter Bereich) bis zur gewünschten Länge des Tuches wiederholt. Wechsele nach jeweils einer Blüte die Musterfarbe (von Blau zu Rosa bzw. umgekehrt). Achte dabei darauf, dass du eine Spannweite von 1,30 m bis 1,40 m erreichst und mit einem vollständigen Rapport endest. Stricke zum Schluss noch eine Krausrippe (2 Reihen rechte Maschen) in Farbe B über alle Maschen und kette dann deine Arbeit in der Rückreihe ab. Fädele den langen Anfangsfaden nun durch die 12 angeschlagenen Maschen und ziehe sie eng zusammen. Nun noch alle Fäden vernähen, das Tuch baden und in Form ziehen und schon kann es ausgeführt werden.

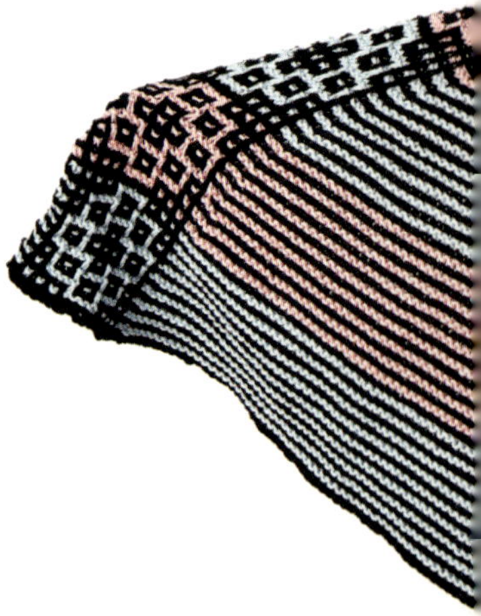

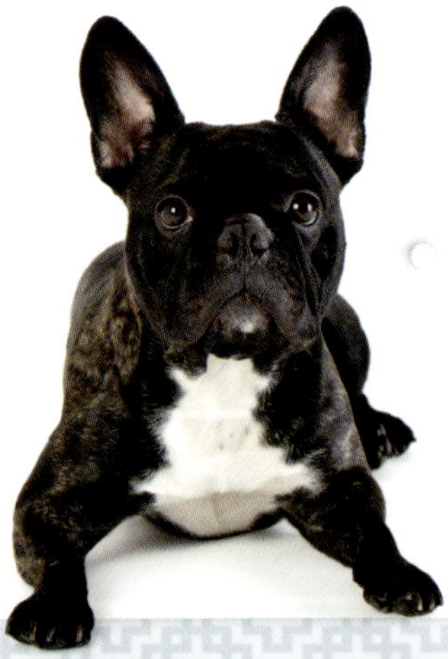

Dieses Tuch eignet sich über die Schulter gelegt super als Jackenersatz. Du kannst es auch vorn mit einer Nadel oder Brosche schließen und schon hast du einen leichten Poncho.

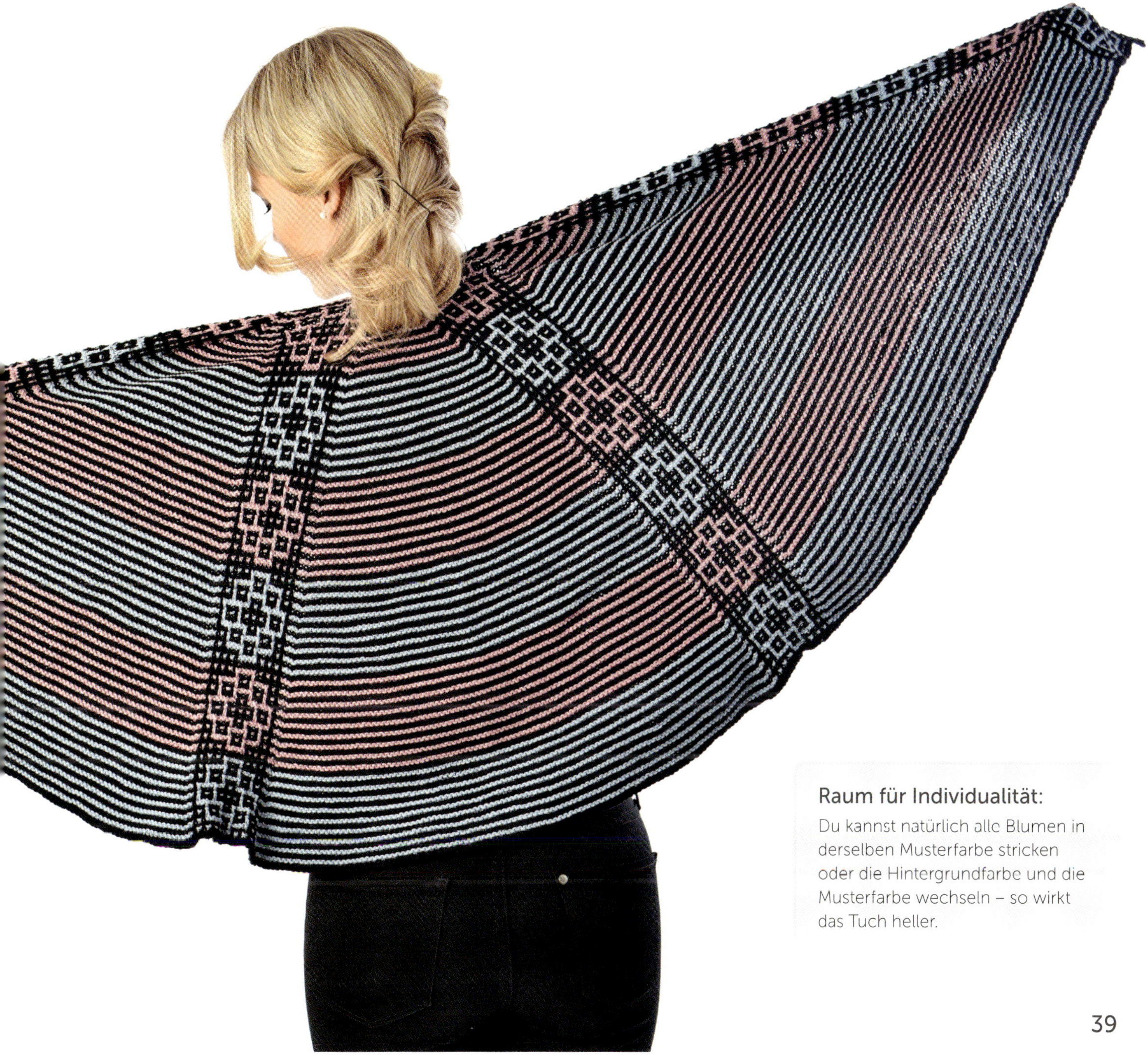

Raum für Individualität:

Du kannst natürlich alle Blumen in derselben Musterfarbe stricken oder die Hintergrundfarbe und die Musterfarbe wechseln – so wirkt das Tuch heller.

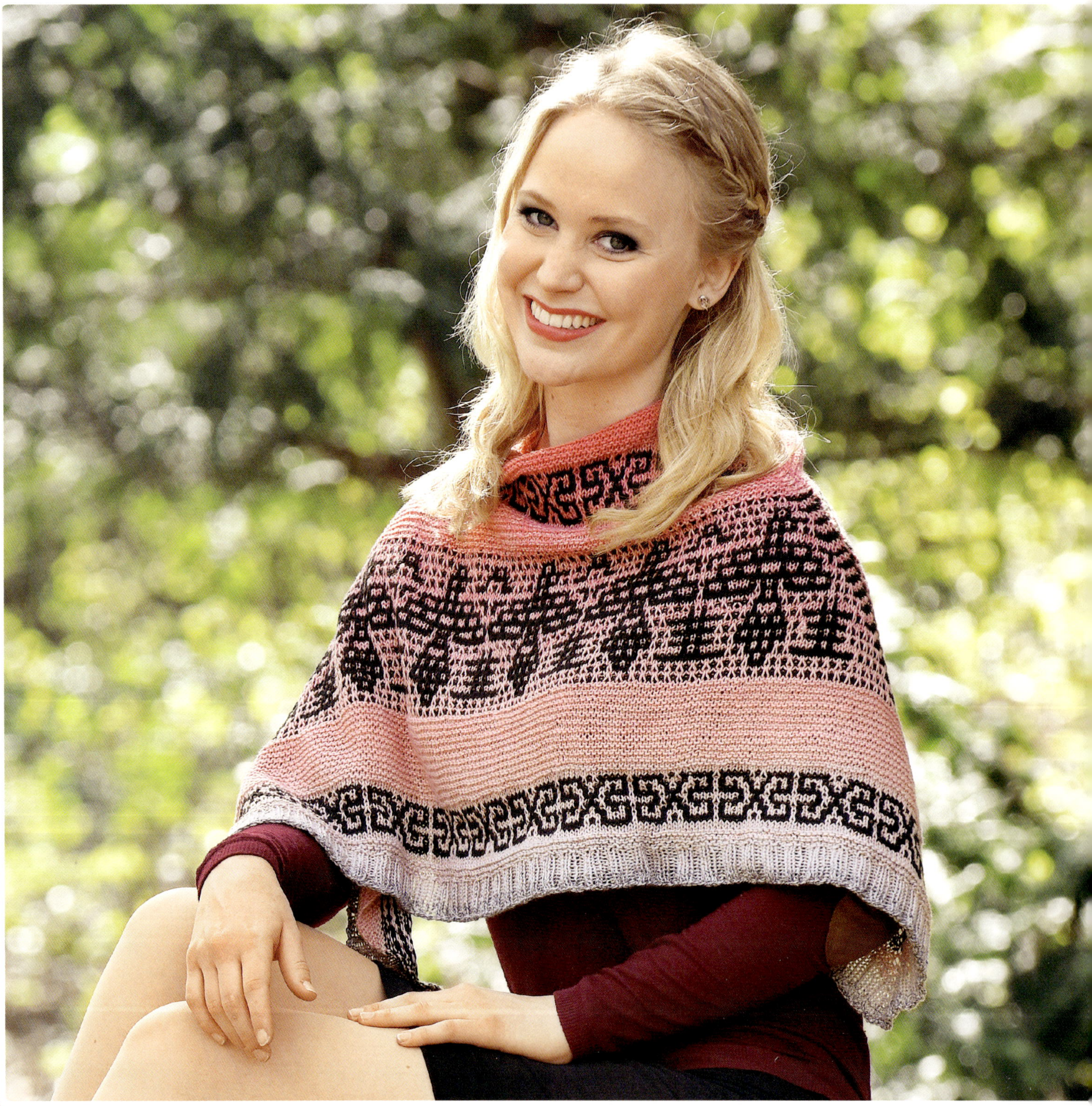

FLUG DES PHÖNIX

MATERIAL

- Scheepjes „Whirl" (60 % Baumwolle, 40 % Polyacryl, Lauflänge 1000 m/215 g), 215 g Watermelon Hell Raiser (Farbe A); Scheepjes „Whirlette" (60 % Baumwolle, 40 % Polyacryl, Lauflänge 455 m/100 g), 100 g Liquorice (Farbe B)
- Stricknadeln Nr. 4–4,5
- Maschenmarkierer

Größe: Spannweite ca. 170 cm, Höhe ca. 75 cm

SO WIRD'S GEMACHT

Das Tuch wird von oben aus der Mitte heraus gestrickt. Es bilden sich 2 nebeneinanderliegende Dreiecke und somit ein großes rechtwinkliges Dreieck. Die Größe lässt sich hier leicht anpassen, denn die rechte und linke Zunahmekante bilden die Spannweite.

Beachte: Damit die Mosaikstreifen das Tuch nicht so stark zusammenziehen, das Mosaikmuster am besten mit einer halben Nadelstärke größer stricken.

Schlage 6 Maschen in Farbe A (das Verlaufsgarn) an und stricke eine Rückreihe rechte Maschen.

Der Tuchkörper wird wie folgt gestrickt:
Reihe 1: 1 KFB, 1 Masche rechts, 1 KBF, Maschenmarkierer setzen, 1 KFB, 1 Masche rechts, 1 KBF
Reihe 2: 1 Masche links, Maschen rechts stricken bis 1 Masche vor dem Ende, letzte Masche links stricken
Reihe 3: 1 KFB, rechte Maschen bis 1 Masche vor dem Maschenmarkierer stricken, 1 KBF, Maschenmarkierer überheben, 1 KFB, rechte Maschen bis 1 Masche vor dem Ende stricken, 1 KBF
Reihe 4: 1 Masche links, Maschen rechts stricken bis 1 Masche vor dem Ende, letzte Masche links stricken
Wiederhole nun die Reihen 3 und 4 fortlaufend, bis 69 Maschen (Maschenzahl teilbar durch 14 plus 13) auf einer Tuchhälfte bis zum Maschenmarkierer auf den Nadeln liegen.
Stricke dann einmal den Musterstreifen 1 nach Strickschrift A in glatt rechts. Die Musterfarbe – die blau dargestellten Maschen – ist Farbe B (Liquorice). Stricke zunächst die ersten Maschen aus der Strickschrift, der rot eingerahmte Bereich kennzeichnet den Mustersatz, der in der Breite bis vor die Mitte wiederholt wird. Stricke vor der Mitte wieder die Maschen nach dem roten Kasten, bis zur Mitte. Dann endet die Strickschrift genau vor dem Maschenmarkierer. Solltest du unterwegs mal eine Zunahme vergessen haben und deine Maschenzahl nicht genau aufgehen, dann ist das kein Problem, mogle einfach die überschüssigen Maschen weg oder dazu, indem du sie aus dem Querfaden zunimmst oder 2 Maschen zusammenstrickst. Das Mosaik verzeiht kleine Unregelmäßigkeiten, sie fallen hinterher nicht auf. In der Strickschrift ist nur eine Hälfte des Tuches dargestellt. Folge der Strickschrift bis zur Mitte, beginne nach der Mitte mit der Strickschrift wieder von vorn.

STRICKSCHRIFT A

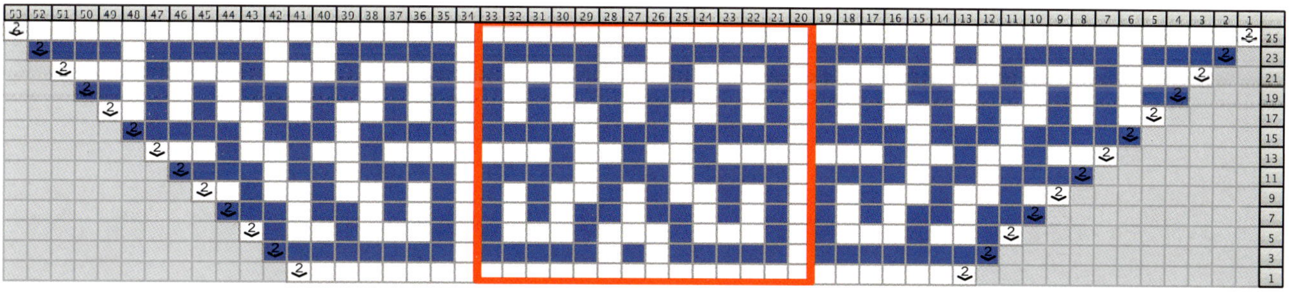

STRICKSCHRIFT C

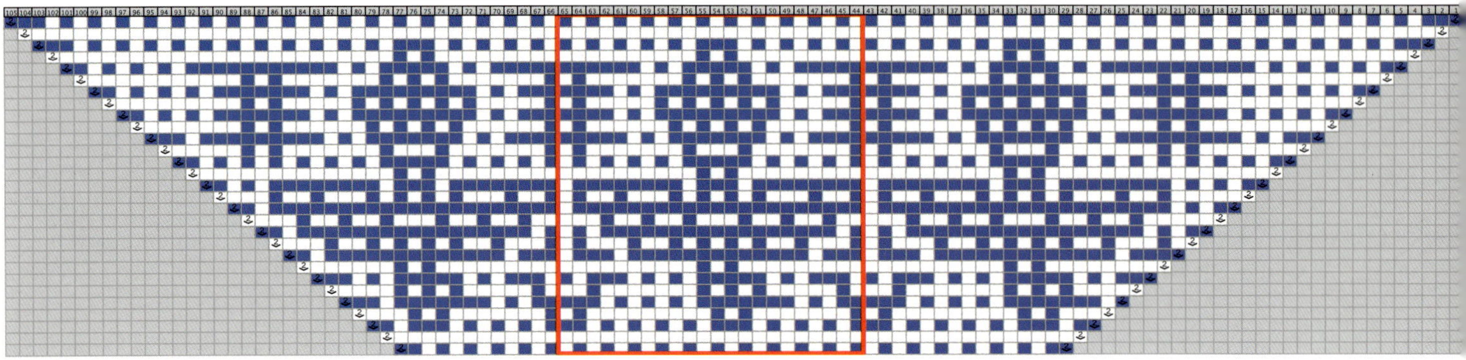

Stricke nach dem Musterstreifen 1 wieder im Grundmuster die Reihen 3–4, bis du 115 Maschen auf einer Tuchhälfte hast.

Nun folgt Musterstreifen 2. Damit sich die Phönixe auch anschauen, habe ich dir die linke und die rechte Seite deines Tuches separat gezeichnet. Folge Strickschrift B für die rechte Seite deines Tuches bis zur Mitte, stricke nach der Mitte gemäß Strickschrift C die linke Seite deines Tuches. Auch hier ist die Musterfarbe (die blau gezeichneten Maschen) Schwarz und der Musterstreifen wird wieder glatt rechts gestrickt.

Nach dem 2. Musterstreifen werden nun erneut im Grundmuster die Reihen 3 und 4 wiederholt, bis 195 Maschen pro Tuchhälfte auf der Nadel liegen. Stricke nun noch einmal den Musterstreifen 1 (nach der Strickschrift A) wie oben beschrieben und danach noch 3x die Reihen 3 und 4. Beende das Tuch, indem du die folgenden 8 Reihen fortlaufend wiederholst:

Reihe 1: 1 KFB, *2 Maschen rechts, 2 Maschen links*, von * bis * fortlaufend bis 2 Maschen vor dem Maschenmarkierer stricken, 1 Masche rechts, 1 KBF, Maschenmarkierer überheben, 1 KFB, 1 Masche rechts, *2 Maschen links, 2 Maschen rechts*, von * bis * fortlaufend wiederholen, 1 Masche links bis vor dem Ende stricken, 1 KBF
Reihe 2: die 1. und letzte Masche links stricken, alle anderen Maschen stricken, wie sie erscheinen, also rechte Maschen rechts und linke Maschen links
Reihe 3: 1 KFB, 1 Masche links, *2 Maschen rechts, 2 Maschen links*, von * bis * fortlaufend wiederholen, 2 Maschen rechts bis 1 Masche vor dem Maschenmarkierer stricken, 1 KBF, Maschenmarkierer überheben, 1 KFB, 2 Maschen rechts, *2 Maschen links, 2 Maschen rechts*, von * bis * fortlaufend wiederholen, 2 Maschen links bis 1 Masche vor dem Ende stricken, 1 KBF
Reihe 4: die 1. und letzte Masche links stricken, alle anderen Maschen stricken, wie sie erscheinen, also rechte Maschen rechts und linke Maschen links
Reihe 5: 1 KFB, *2 Maschen links, 2 Maschen rechts*, von * bis * fortlaufend bis 2 Maschen vor dem Maschenmarkierer stricken, 1 Masche links, 1 KBF, Maschenmarkierer überheben, 1 KFB, 1 Masche links, *2 Maschen rechts, 2 Maschen links*, von * bis * fortlaufend bis 1 Masche vor dem Ende stricken, 1 KBF
Reihe 6: die 1. und letzte Masche links stricken, alle anderen Maschen stricken, wie sie erscheinen, also rechte Maschen rechts und linke Maschen links
Reihe 7: 1 KFB, 1 Masche rechts, *2 Maschen links, 2 Maschen rechts*, von * bis * fortlaufend wiederholen, 2 Maschen links bis 1 Masche vor dem Maschenmarkierer stricken, 1 KBF, Maschenmarkierer überheben, 1 KFB, 2 Maschen links, *2 Maschen rechts, 2 Maschen links*, von * bis * fortlaufend wiederholen, 2 Maschen rechts bis 1 Masche vor dem Ende stricken, 1 KBF
Reihe 8: die 1. und letzte Masche links stricken, alle anderen Maschen stricken wie sie erscheinen, also rechte Maschen rechts und linke Maschen links.

Wiederhole diese Endkante aus dem Rippenmuster so oft, wie es dir gefällt und kette dann die Maschen ab. Zum Schluss noch die Fäden vernähen, waschen und spannen – fertig ist das Tuch.

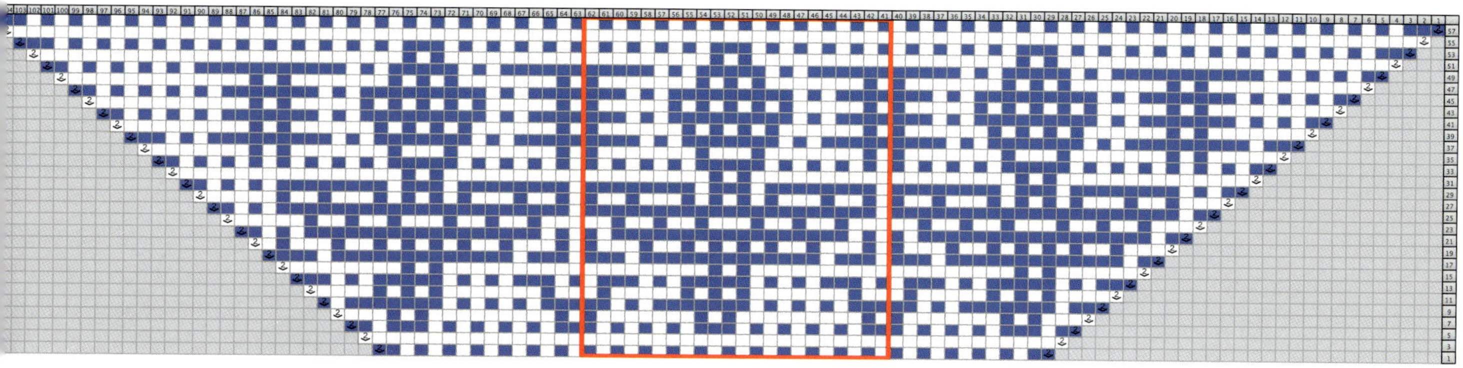

Raum für Individualität:

Du kannst deinen Tuchkörper auch glatt rechts stricken und die Musterstreifen kraus rechts, oder alles glatt oder alles kraus rechts. Hier kannst du dich geschmacklich voll austoben. In den Musterstreifen kannst du auch die Hintergrundfarbe mit der Musterfarbe tauschen, die Strickschriften sind so angelegt, dass beides möglich ist. Deinem Tuch kannst du auch weitere Musterstreifen hinzufügen oder die Reihenfolge der Musterstreifen beliebig ändern. Beachte hierbei die Maschenzahl. Für den Musterstreifen 1 muss sie bis zum Maschenmarkierer teilbar durch 14 plus 13 Maschen sein, für den Musterstreifen 2 teilbar durch 22 plus 27 Maschen.

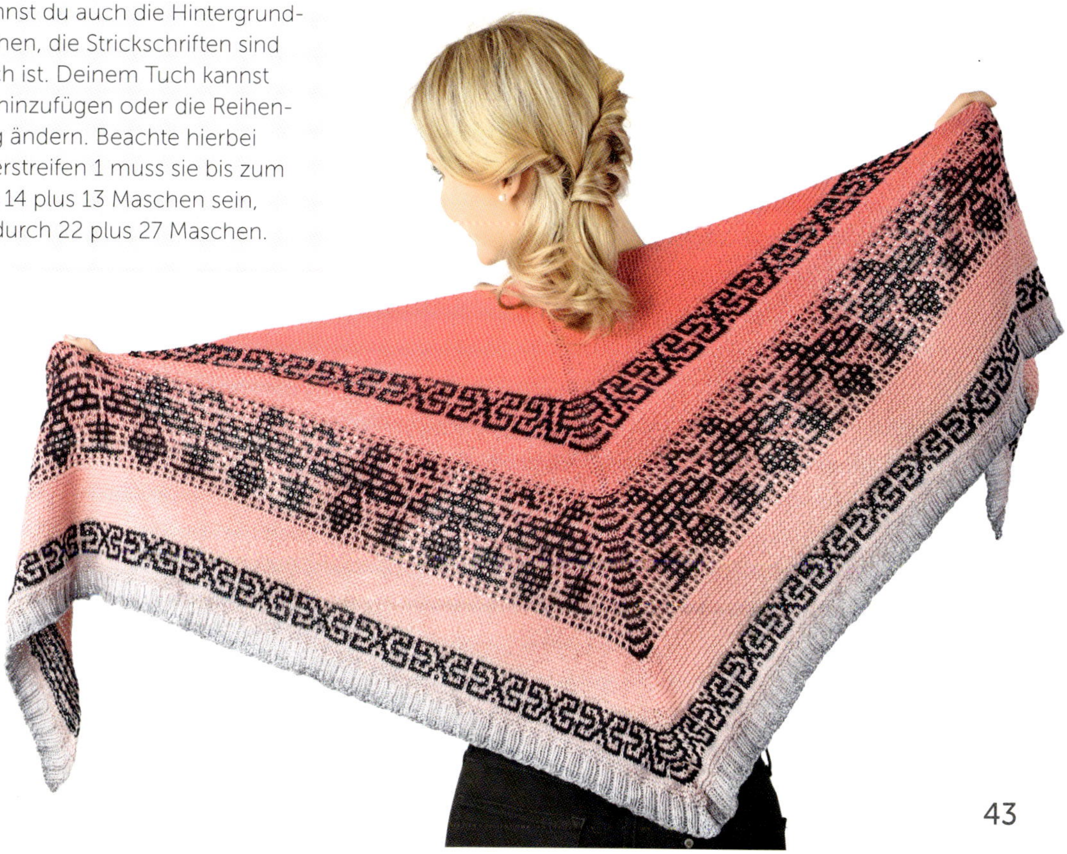

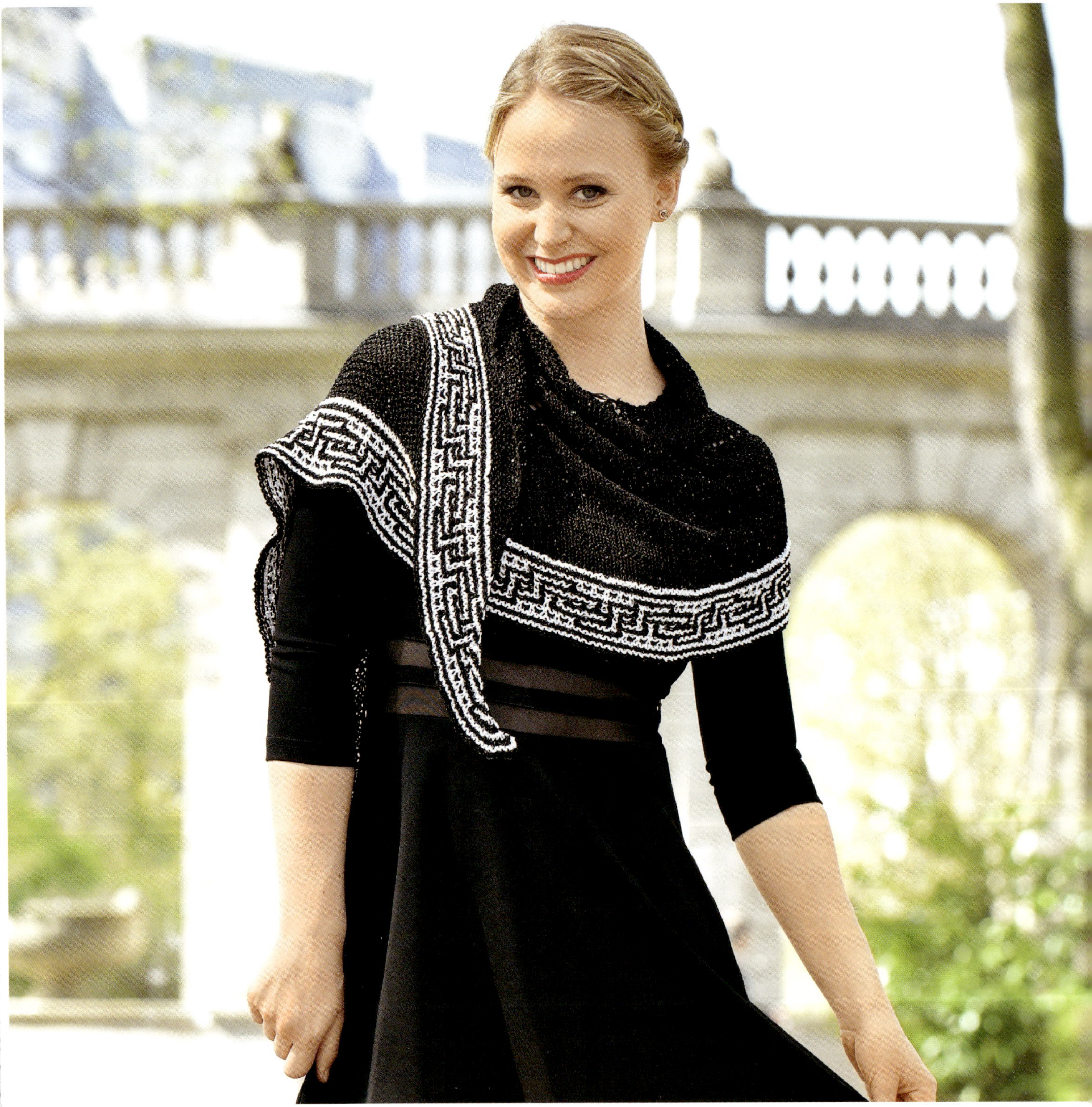

GLAMOUR MOMENTS

MATERIAL

- CraSy „Glamour Girl Paillettengarn" (68 % Viskose, 32 % Polyester, Lauflänge 115 m/50 g), 200 g Schwarz (Farbe A) und 50 g Weiß (Farbe B)
- Stricknadeln Nr. 3,5
- 2 Maschenmarkierer

Größe: Spannweite ca. 180 cm, Höhe ca. 45 cm

SO WIRD'S GEMACHT

Das Tuch hat eine halbrunde Form und ist in Teilen kraus rechts und in Teilen glatt rechts gestrickt. Es beginnt mit wenigen Maschen und wird immer breiter. Die Größe lässt sich leicht anpassen, die Spannweite ist an der Zunahmekante.

Schlage 3 Maschen in Farbe A (Schwarz) an und stricke eine Rückreihe rechte Maschen. Nun wird der Tuchkörper wie folgt gestrickt:

Reihe 1: KFB, Maschenmarkierer einsetzen, 1 Umschlag, 1 Masche rechts, 1 Umschlag, Maschenmarkierer einsetzen, KBF

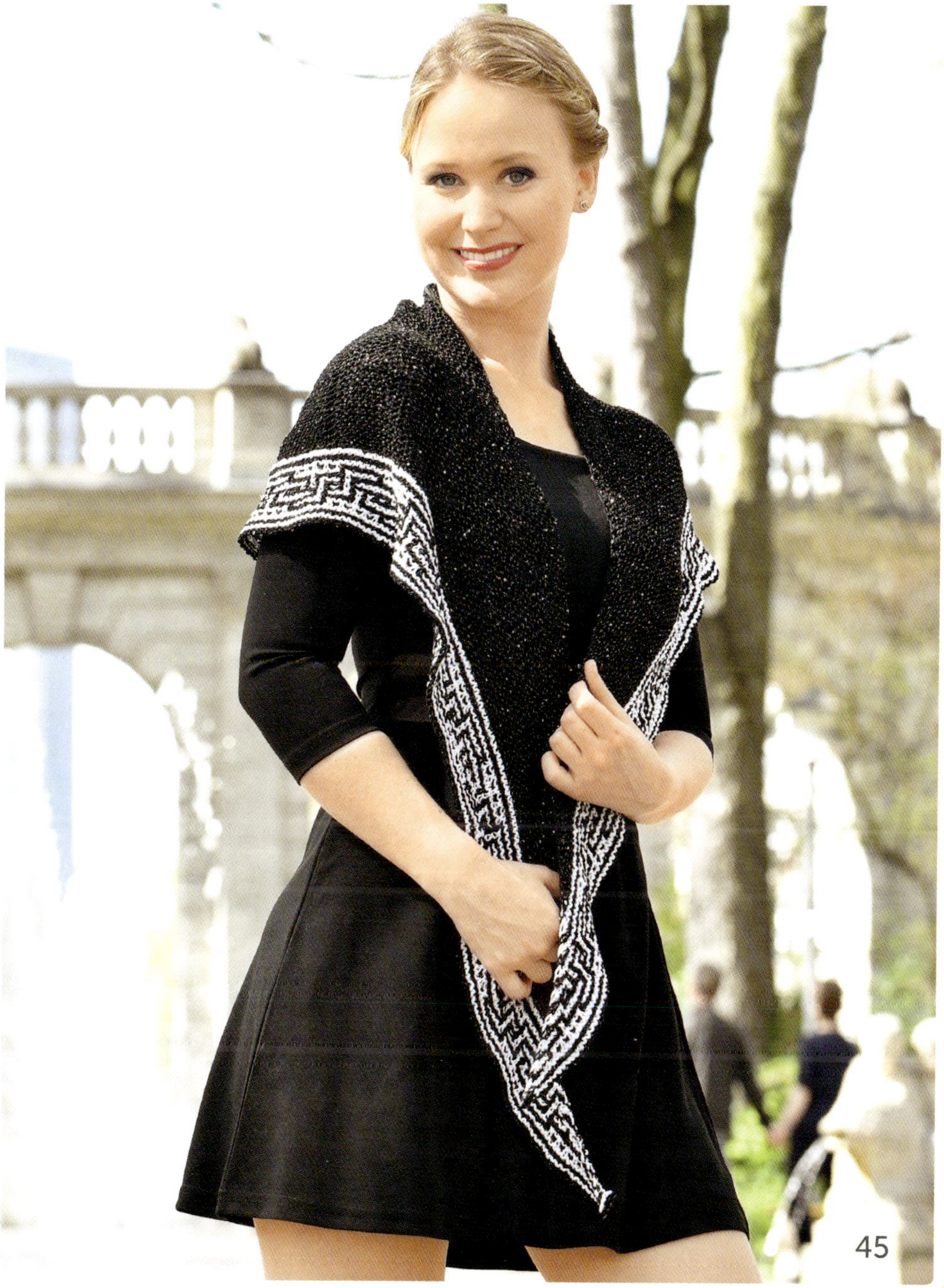

STRICKSCHRIFT

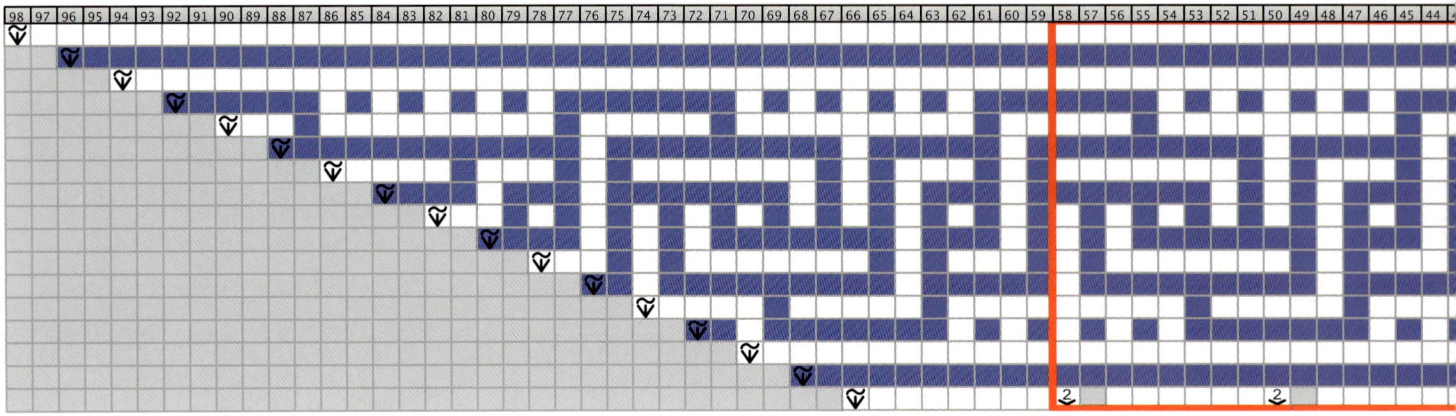

Reihe 2: KFB, Maschen bis zum Maschenmarkierer rechts stricken, die Maschen zwischen den Maschenmarkierern, also bis zum nächsten Maschenmarkierer links stricken, nach dem Markierer bis zur letzten Masche rechte Maschen stricken, KBF
Reihe 3: KFB, Maschen bis zum Markieren rechts, Maschenmarkierer überheben, 1 Umschlag, rechte Maschen bis zum nächsten Markierer, 1 Umschlag, Maschenmarkierer überheben, rechte Maschen bis zur letzten Masche, KBF
Reihe 4: KFB, rechte Maschen bis zum Maschenmarkierer, Maschenmarkierer überheben, Maschen und Umschläge bis zum nächsten Maschenmarkierer links, Maschenmarkierer überheben, Maschen bis zur letzten Masche rechts, KBF.

Reihe 3 und 4 nun fortlaufend wiederholen, bis das Tuch bei der angegebenen Wollstärke eine Spannweite von mindestens 1,30 m erreicht hat. Du nimmst so in jeder Hinreihe 4 Maschen und in jeder Rückreihe 2 Maschen zu, dabei erhält das Tuch eine kleine Dreiteilung. Die Segmente rechts und links sind kraus rechts und das Segment in der Mitte wird durch die Umschläge immer breiter und erscheint glatt rechts. Für die Endkante muss die Maschenanzahl teilbar durch 14 plus 15 Maschen sein. Im abgebildeten Fall wurden die Reihen 3 und 4 insgesamt 43x gestrickt, so dass 267 Maschen vor dem Beginn der Abschlusskante auf den Nadeln liegen.
Diese werden nun nach der Strickschrift gestrickt. Die Hintergrundfarbe ist Schwarz und die Musterfarbe Weiß. Beginne zunächst mit den Maschen vor dem markierten Bereich, wiederhole dann fortlaufend den markierten Bereich und ende mit den Maschen nach dem markierten Bereich. Verdoppele in der 1. Reihe, wie gezeichnet, jede 7. Masche. So zieht die Borte das Strickstück nicht zusammen und klappt nicht um. Kette in der letzten Reihe die Arbeit auf der Rückreihe ab. Jetzt darf das Tuch einmal entspannungsbaden und dann liegend in Form gezogen oder gespannt werden und schon ist es fertig und kann dich zum Strahlen bringen.

Raum für Individualität:

Du kannst hier gern die Farben tauschen und statt mit Schwarz mit Weiß beginnen. Oder du strickst einfach eine weitere Borte bereits nach etwa der Hälfte der Zunahmen – beachte hier deine Maschenanzahl.

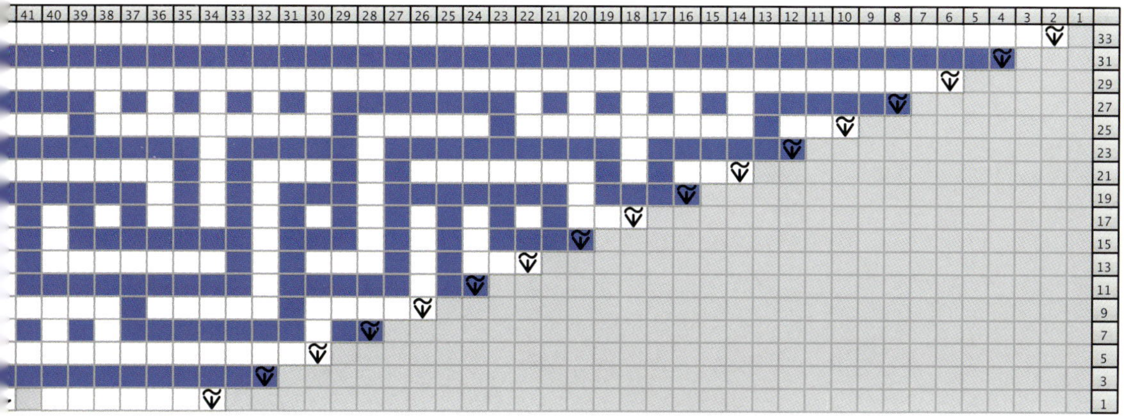
41 40 39 38 37 36 35 34 33 32 31 30 29 28 27 26 25 24 23 22 21 20 19 18 17 16 15 14 13 12 11 10 9 8 7 6 5 4 3 2 1
33
31
29
27
25
23
21
19
17
15
13
11
9
7
5
3
1

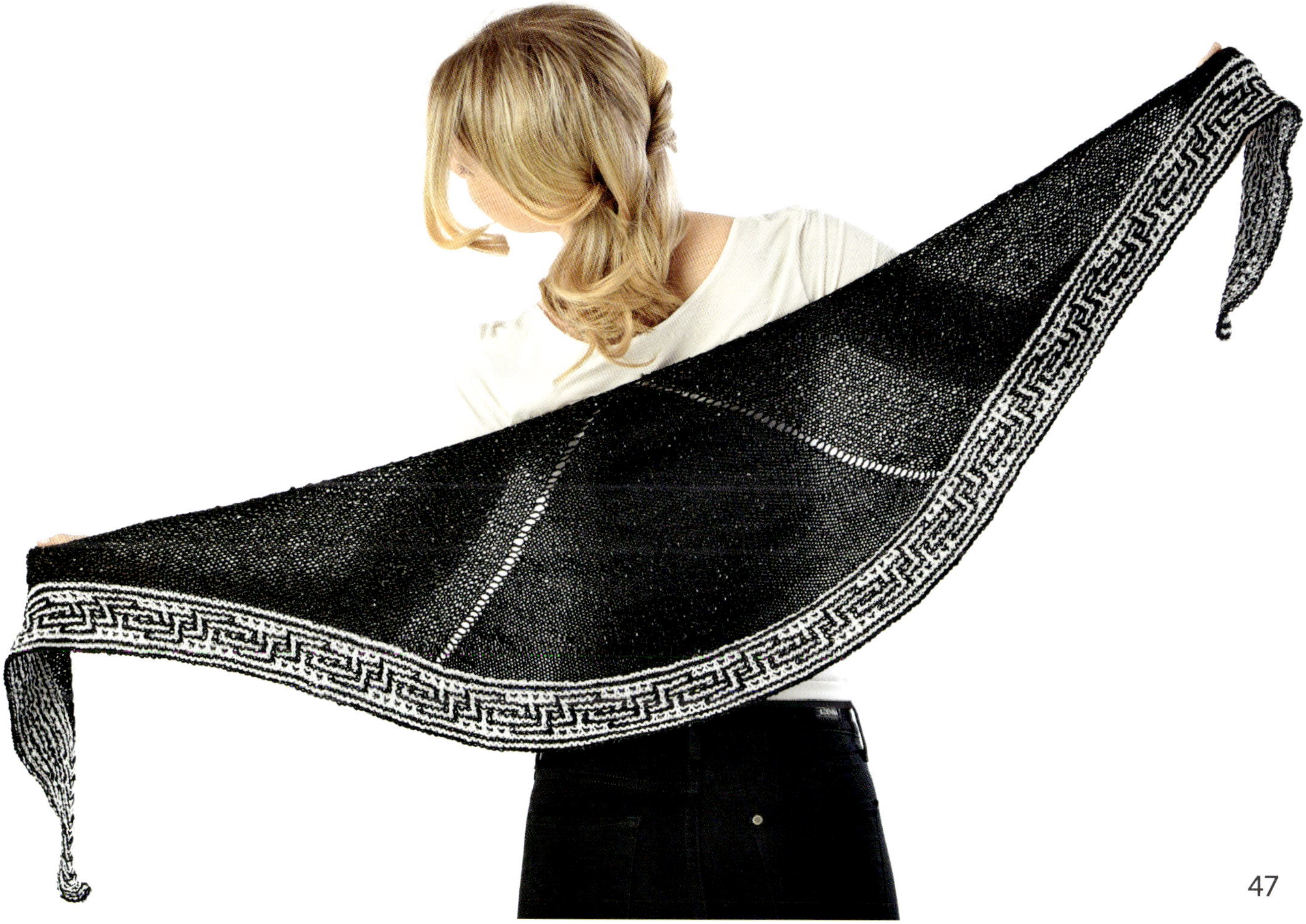

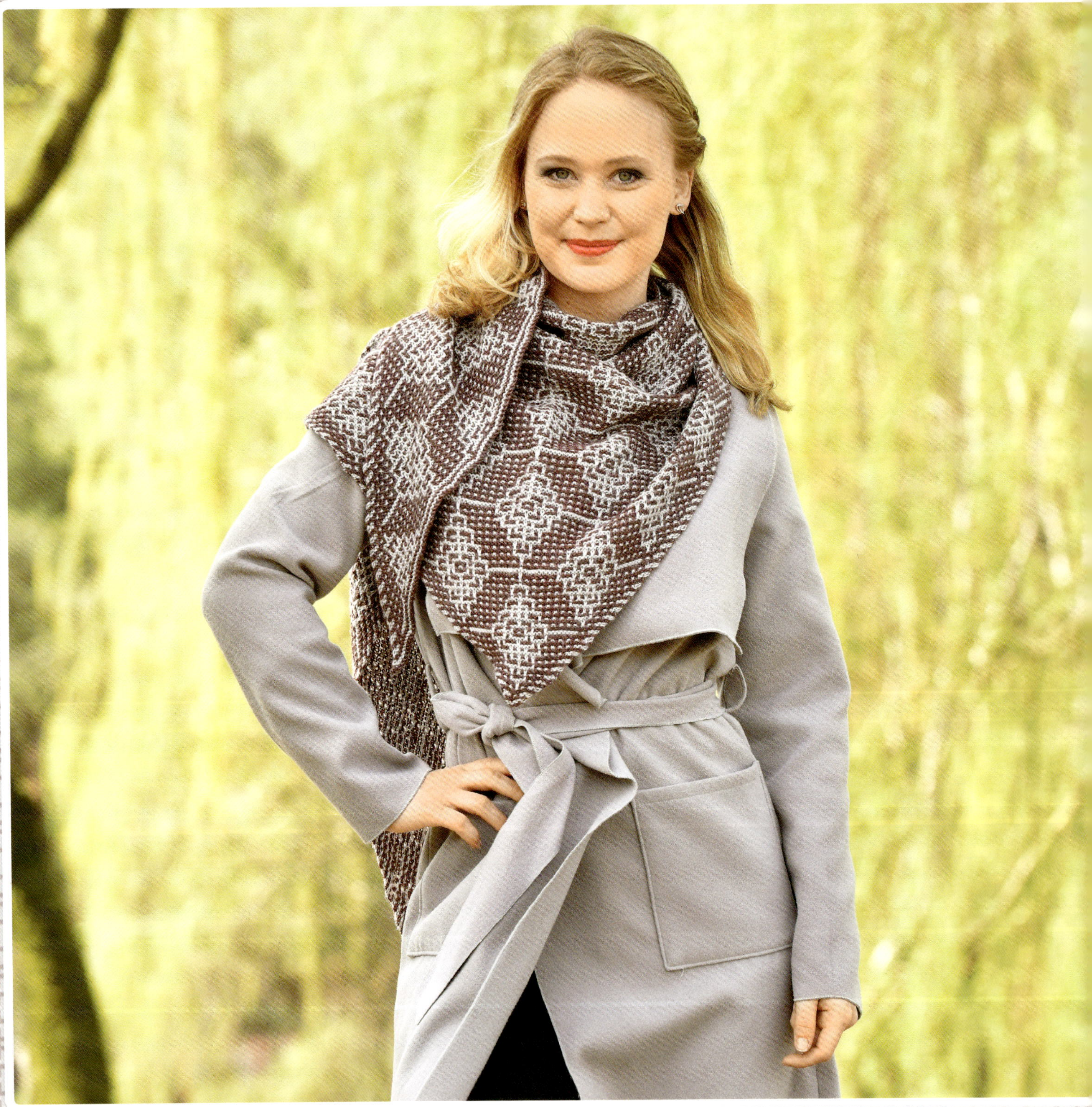

AFRICAN ADVENTURE

MATERIAL

- Yundy und Grete „Wooly Wood" (50 % Schurwolle, 50 % Tencel, Lauflänge 330 m/100 g), je 200 g Rost (Farbe A) und Silber (Farbe B)
- Stricknadeln Nr. 3–3,5

Größe: Spannweite ca. 180 cm, Höhe ca. 70 cm

SO WIRD'S GEMACHT

Das Tuch wird kraus rechts und von unten nach oben gestrickt. Es beginnt mit wenigen Maschen und wird immer breiter. Die Größe lässt sich leicht anpassen, die Spannweite ist hier später die Abkettkante.

Schlage 3 Maschen in Farbe A (Rost) an und stricke 1 Rückreihe rechte Maschen. Der Maschenanschlag ist zugleich Reihe 1 aus der Strickschrift. Folge nun der Strickschrift und stricke dabei mit Reihe 3 weiter. Die Hintergrundfarbe ist hier Rost, die Musterfarbe Silber. Stricke zunächst die Reihen 1–118 der Strickschrift. Wiederhole dann alle Reihen aus dem grün eingerahmten Bereich, also die Reihen 47–118. So wird das Tuch immer breiter. Der rot eingerahmte Bereich zeigt dir hier die Maschen, die nun in der Breite immer wiederholt werden. Du kannst dann dein Tuch bis zur gewünschten Größe stricken. Im abgebildeten Tuch haben wir den grün eingerahmten Bereich 3x wiederholt und danach die letzten zwei gezeichneten Reihen als Abschluss gestrickt. Kette auf der letzten Rückreihe die Arbeit ab. Nun noch die Fäden vernähen und das Tuch einmal baden und in Form ziehen, schon kannst du dein neues Meisterwerk ausführen.

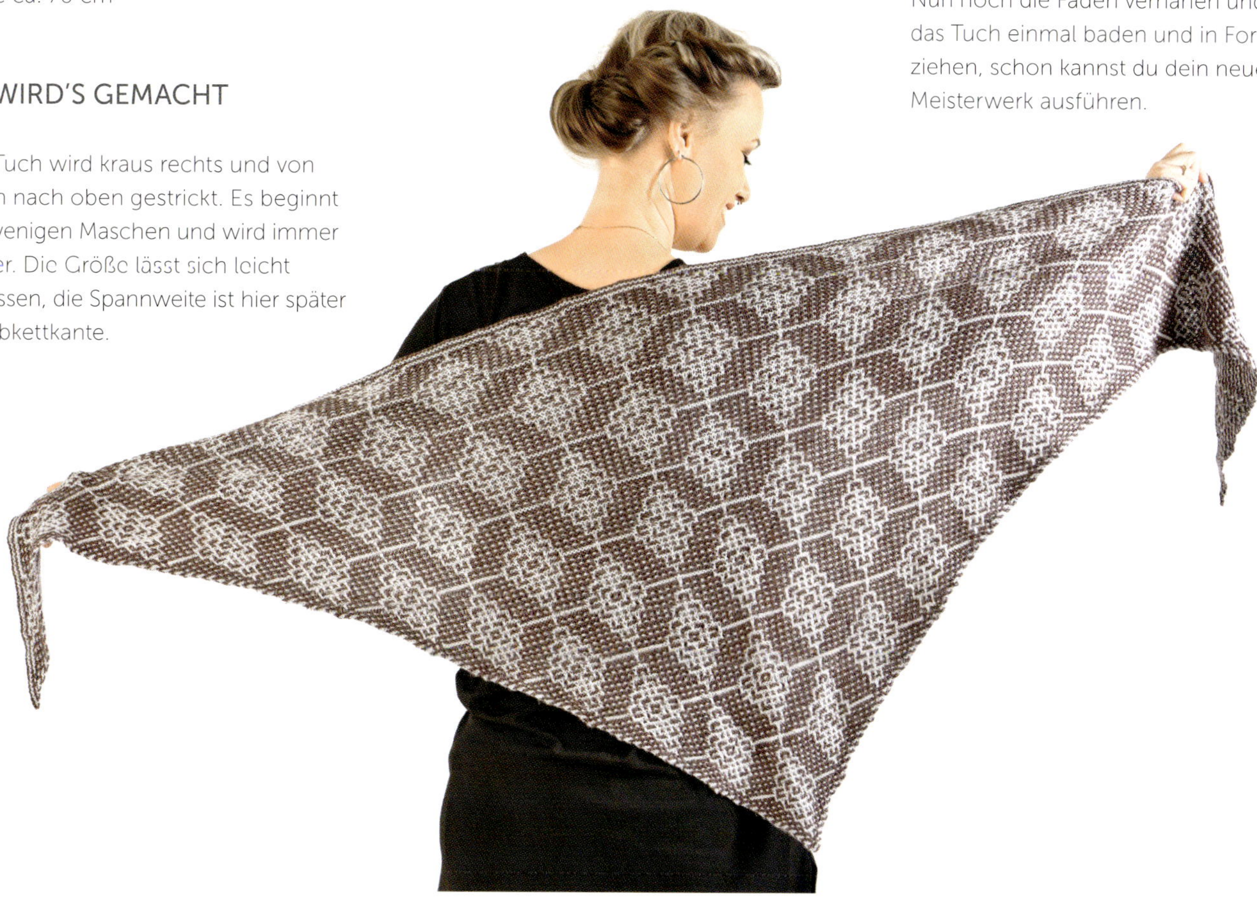

STRICKSCHRIFT

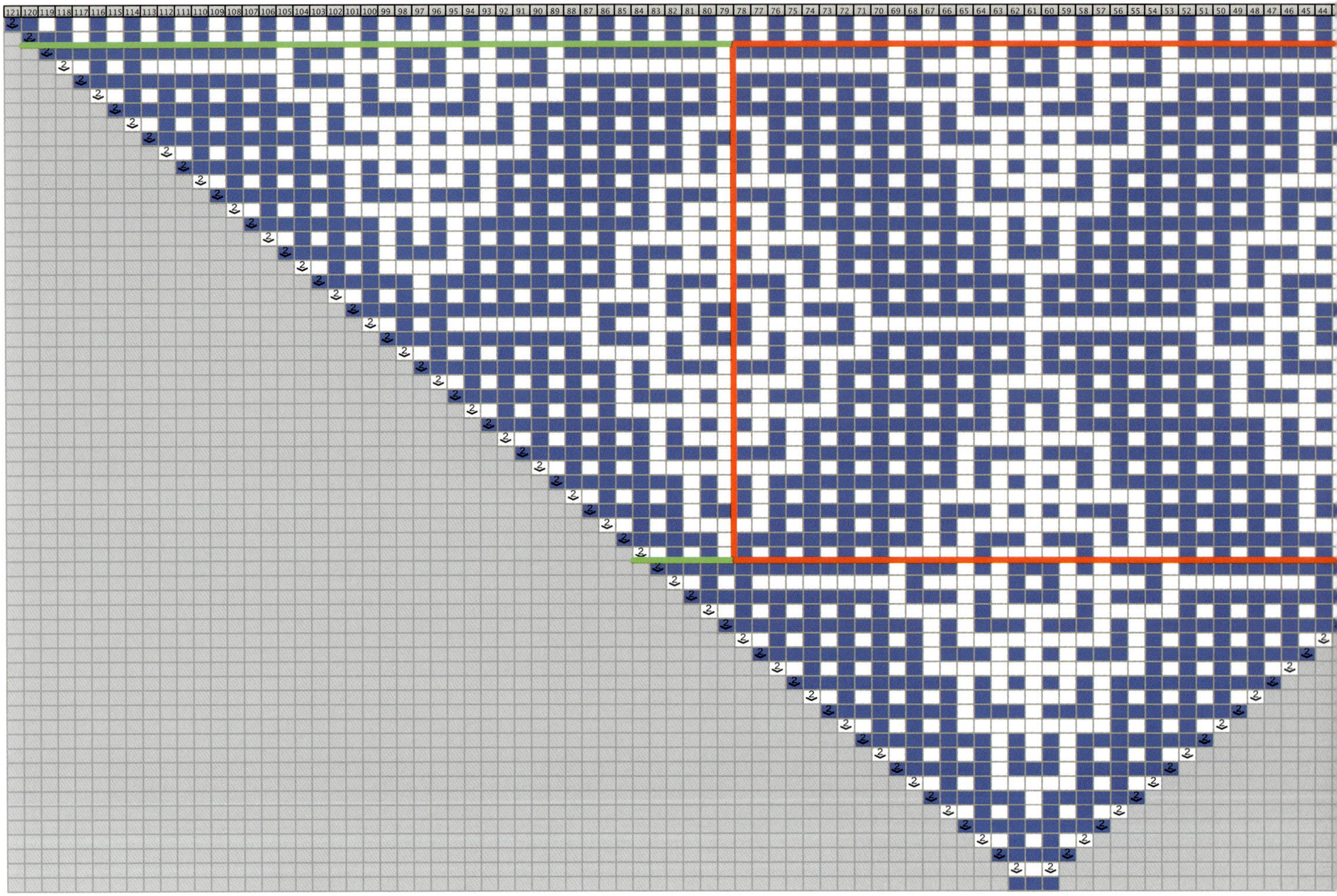

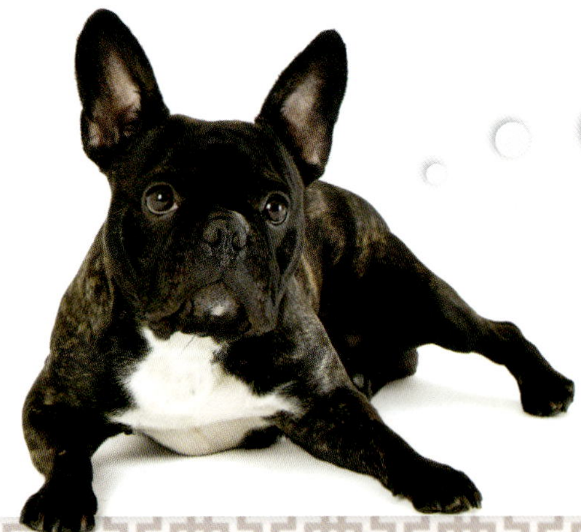

Ohhhh, auf so ein Abenteuer habe ich auch wirklich Lust. Übrigens eignet sich der Rapport prima als Muster für eine schicke Decke.

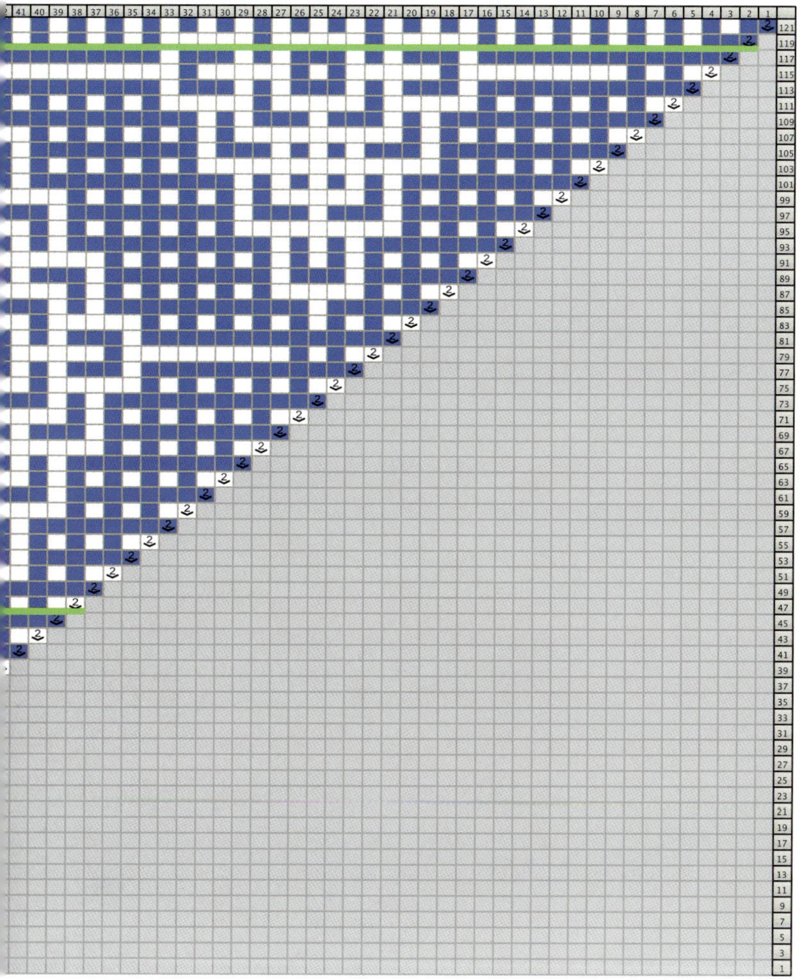
41 40 39 38 37 36 35 34 33 32 31 30 29 28 27 26 25 24 23 22 21 20 19 18 17 16 15 14 13 12 11 10 9 8 7 6 5 4 3 2 1
121 119 117 115 113 111 109 107 105 103 101 99 97 95 93 91 89 87 85 83 81 79 77 75 73 71 69 67 65 63 61 59 57 55 53 51 49 47 45 43 41 39 37 35 33 31 29 27 25 23 21 19 17 15 13 11 9 7 5 3 1

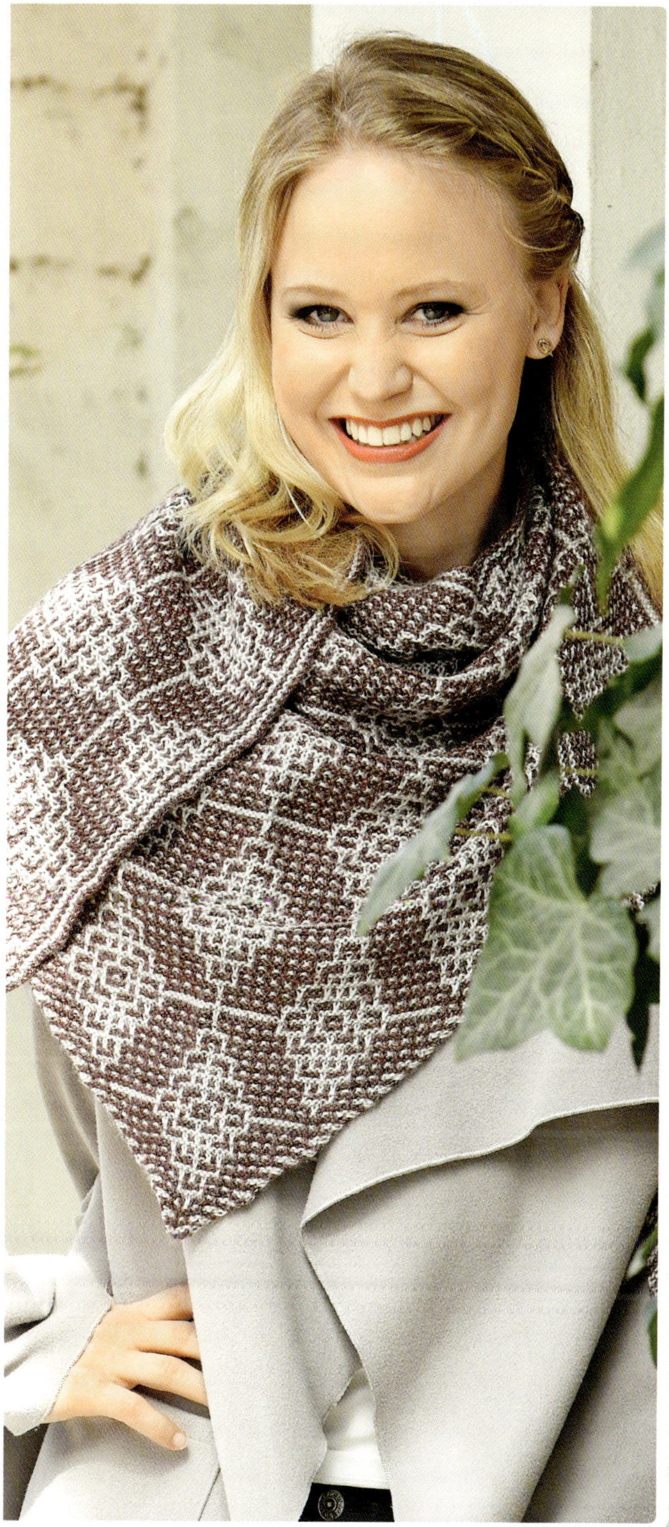

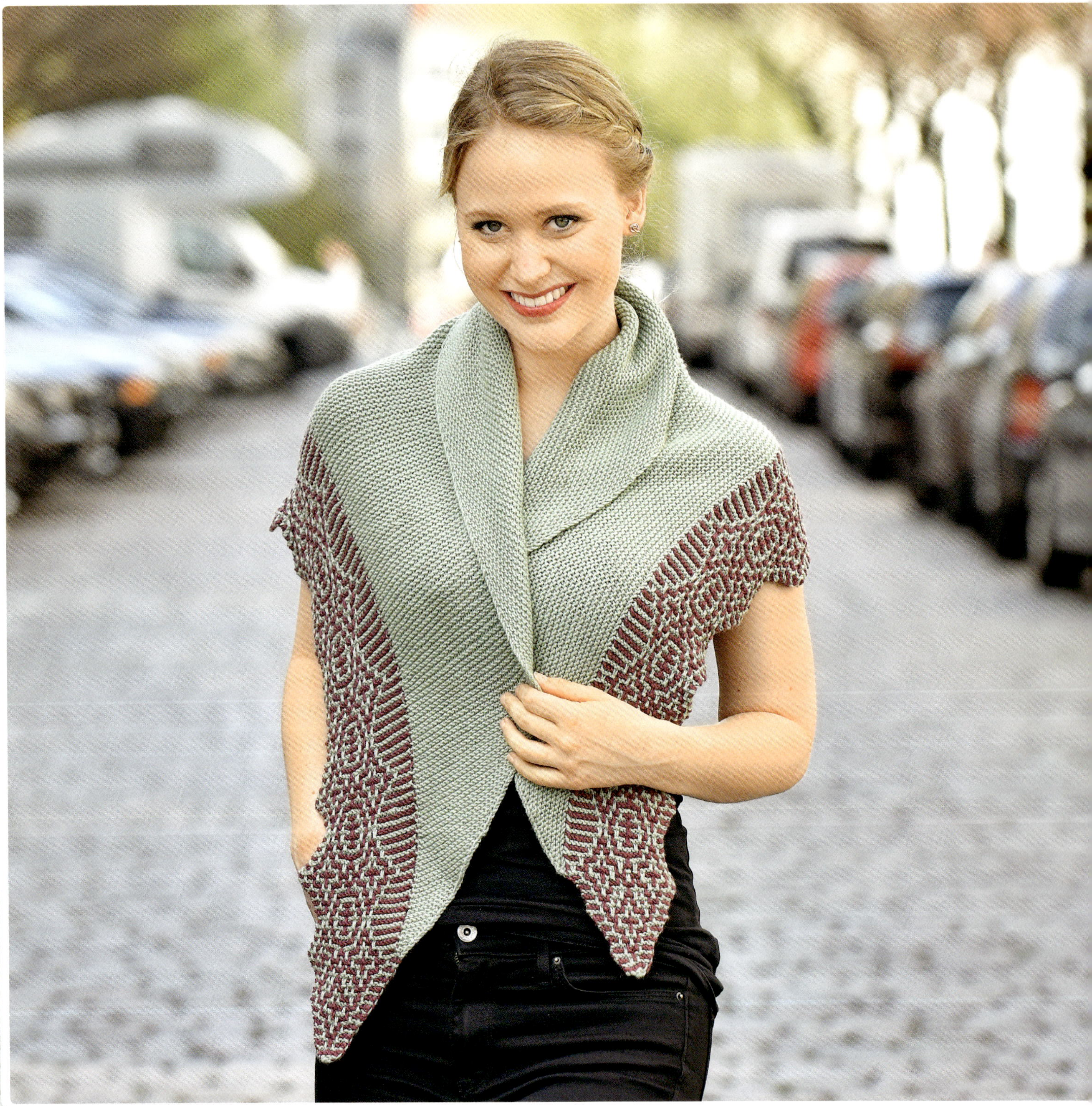

EYE OF THE TIGER

MATERIAL

- Pro Lana „Baby Kamel Plus" (80 % Wolle, 20 % Kamel, Lauflänge 135 m/50 g), 250 g Hellgrün (Farbe A) und 150 g Lila (Farbe B)
- Stricknadeln Nr. 3,5
- eventuell Maschenmarkierer

Größe: Spannweite ca. 165 cm, Höhe ca. 80 cm

SO WIRD'S GEMACHT

Das Tuch wird in der Halbintarsientechnik (siehe Seite 14) quer mit einer Musterkante an der Seite gestrickt. Abschließend wird eine Musterkante an der Seite angestrickt. Die Tuchgröße lässt sich leicht anpassen, indem man die Reihenzahl entsprechend ändert. Die Spannweite ist hier die Zunahmekante.

Achte darauf, dass du die Fäden beim Farbwechsel immer kreuzt, damit die Farbflächen auch gut miteinander verbunden sind.

Schlage 3 Maschen in Farbe A (Hellgrün) an und stricke 1 Rückreihe rechte Maschen. Folge nun für die ersten 48 Reihen der Strickschrift A und stricke diese kraus rechts. Diese Reihen bilden das Anfangsmosaik, dann beginnt die Halbintarsie.

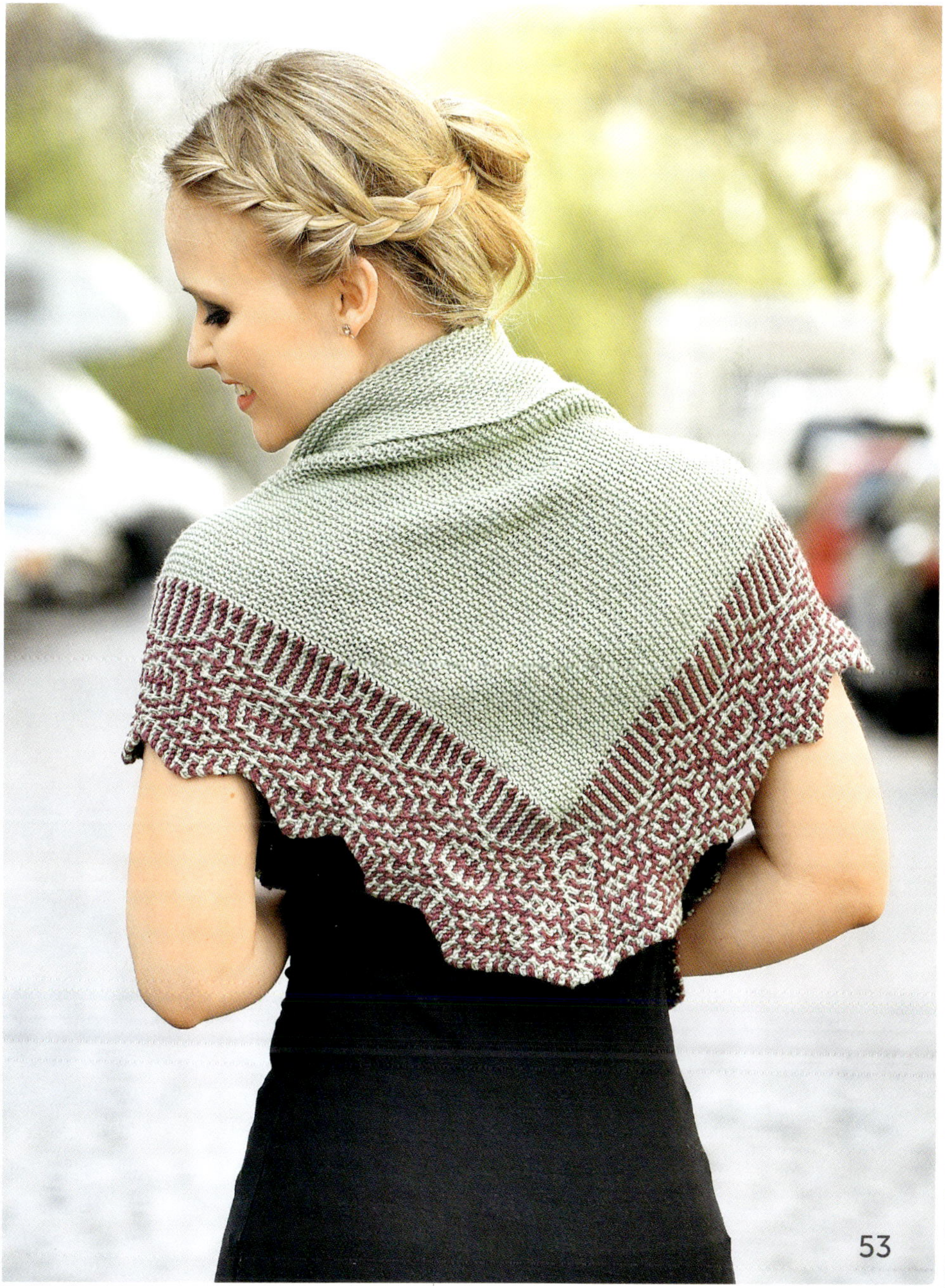

STRICKSCHRIFT A

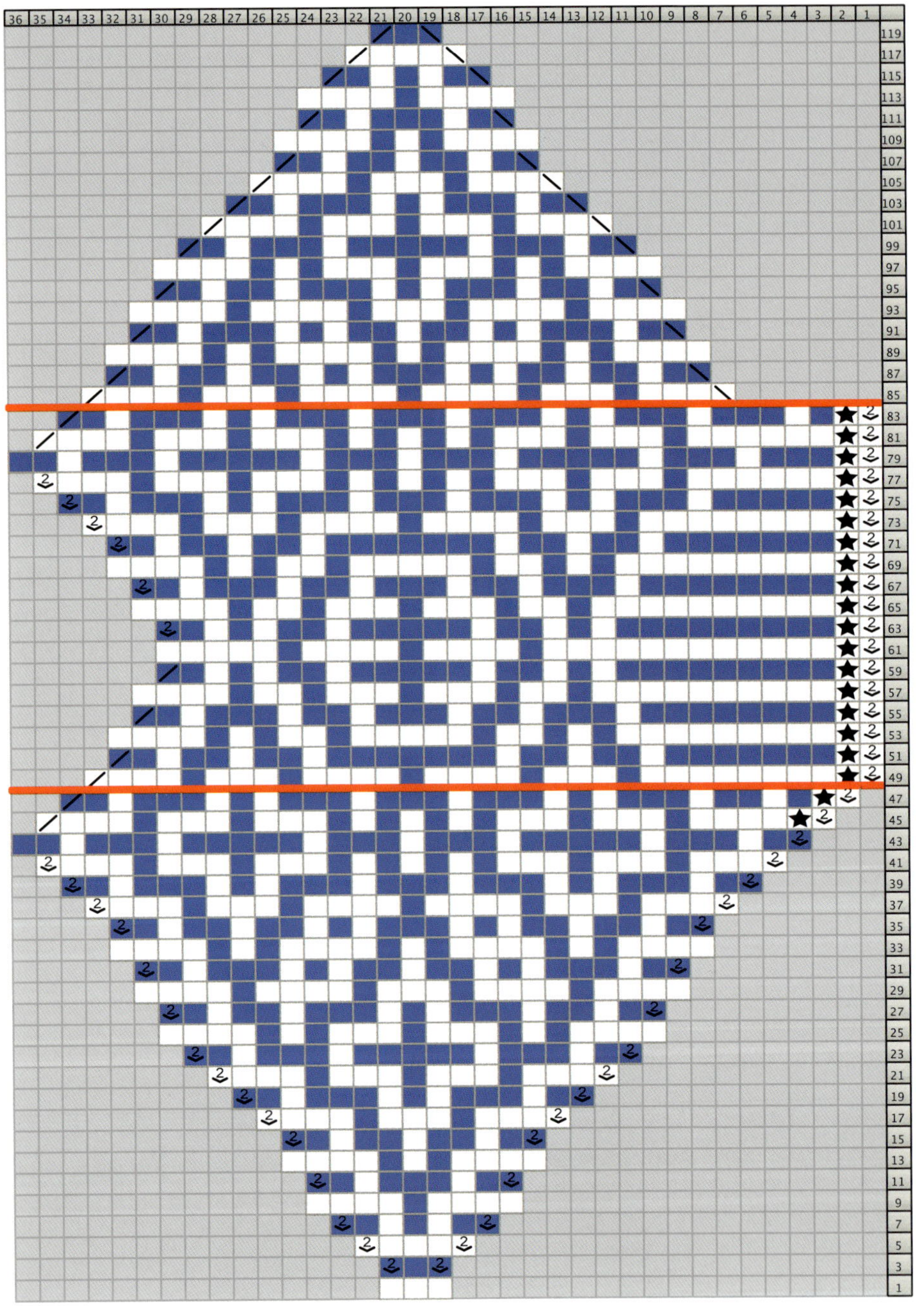

Stricke anschließend fortlaufend die Reihen im rot eingerahmten Bereich (Reihen 49–84). Dabei wird das Tuch am rechten Rand immer breiter. Der Stern steht hier für alle kraus rechten Maschen, die rechts von der Musterkante immer mehr werden. Um die Musterkante besser zu finden, kannst du dir einen Maschenmarkierer einsetzen. Hänge ihn links neben der Sternmasche in Reihe 49 ein.

Wiederhole für die Halbintarsientechnik fortlaufend die folgenden 4 Reihen:
Hinreihe 1 (beim 1. Mal ist das Reihe 49 aus der Musterschrift): in Farbe A KFB, alle Maschen bis zur Mosaikkante rechts stricken, die Maschen aus der Mosaikkante laut Strickschrift stricken.
Rückreihe 1: in Farbe A, die Maschen des Mosaikmusters nach der Mosaiktechnik in der Rückreihe stricken, dann rechte Maschen bis 1 Masche vor dem Ende, letzte Masche links
Hinreihe 2 (beim ersten Mal ist das Reihe 51 aus der Musterschrift): in Farbe A KFB, alle Maschen bis einschließlich der Sternmasche rechts stricken. Hier nun zu Farbe B wechseln, die Fäden kreuzen und das Mosaikmuster in Farbe B stricken.
Rückreihe 2: die Rückreihe des Mosaikmusters in Farbe B stricken, bis zum hängenden Faden in Farbe A, zu Farbe A wechseln, die Fäden kreuzen und die restlichen Maschen rechts in Farbe A stricken, letzte Masche links stricken.

Auf diese Weise bleibt der Tuchkörper einfarbig in Farbe A; das Mosaikmuster ist natürlich zweifarbig.

Wiederhole nun den rot eingerahmten Bereich 8x. Wenn du mit einer anderen

Wolle strickst, solltest du diesen Bereich so oft stricken, bis du mindestens 1,30 m Spannweite erreicht hast und im einfarbigen, grünen Bereich die Maschenzahl teilbar durch 18 + 3 Maschen ist. Im abgebildeten Tuch sind es 165 Maschen. Stricke nun noch die verbleibenden Reihen aus der Strickschrift (ab Reihe 85) wie gezeichnet nur über die Musterkante. Die restlichen, krausen Maschen werden stillgelegt. Kette am Ende auf der Rückreihe die letzten 3 Maschen aus dem Musterstreifen ab.

Nun wird der Tuchabschluss gearbeitet. Beginne dafür mit Strickschrift B und schlage erneut 3 Maschen in Farbe A (Hellgrün) an. Folge nun der Strickschrift B. Wenn du die Reihen 1–40 gestrickt hast, wird dieser Teil mit dem bereits gestrickten Teil verbunden. Folge dafür weiter der Strickschrift, die letzte gezeichnete Masche der Strickschrift wird hierbei mit jeweils 1 Masche aus dem Tuchkörper zusammengestrickt. In der Rückreihe die 1. Masche wie zum Rechtsstricken abheben und die Rückreihe des Mosaikmusters stricken. Dabei setzt du Teil B an der Seite des Tuches an, an der die Zunahmekante ist. Wiederhole auch hier in der Höhe den rot eingerahmten Bereich aus der Strickschrift und stricke so die Abschlusskante quer an das Tuch an. Nach der letzten Wiederholung des roten Bereiches sollten noch 3 grüne Maschen übrig sein. Stricke diese auch wie zuvor in der Strickschrift B gezeichnet mit der Kante zusammen.

Stricke für die Spitze nun die Maschen aus der Strickschrift B mit der Randmasche aus der anderen Spitze zusammen. Am Ende noch die letzten 3 Maschen auf der Rückreihe abketten, Faden vernähen, baden und schon ist das gute Stück fertig.

STRICKSCHRIFT B

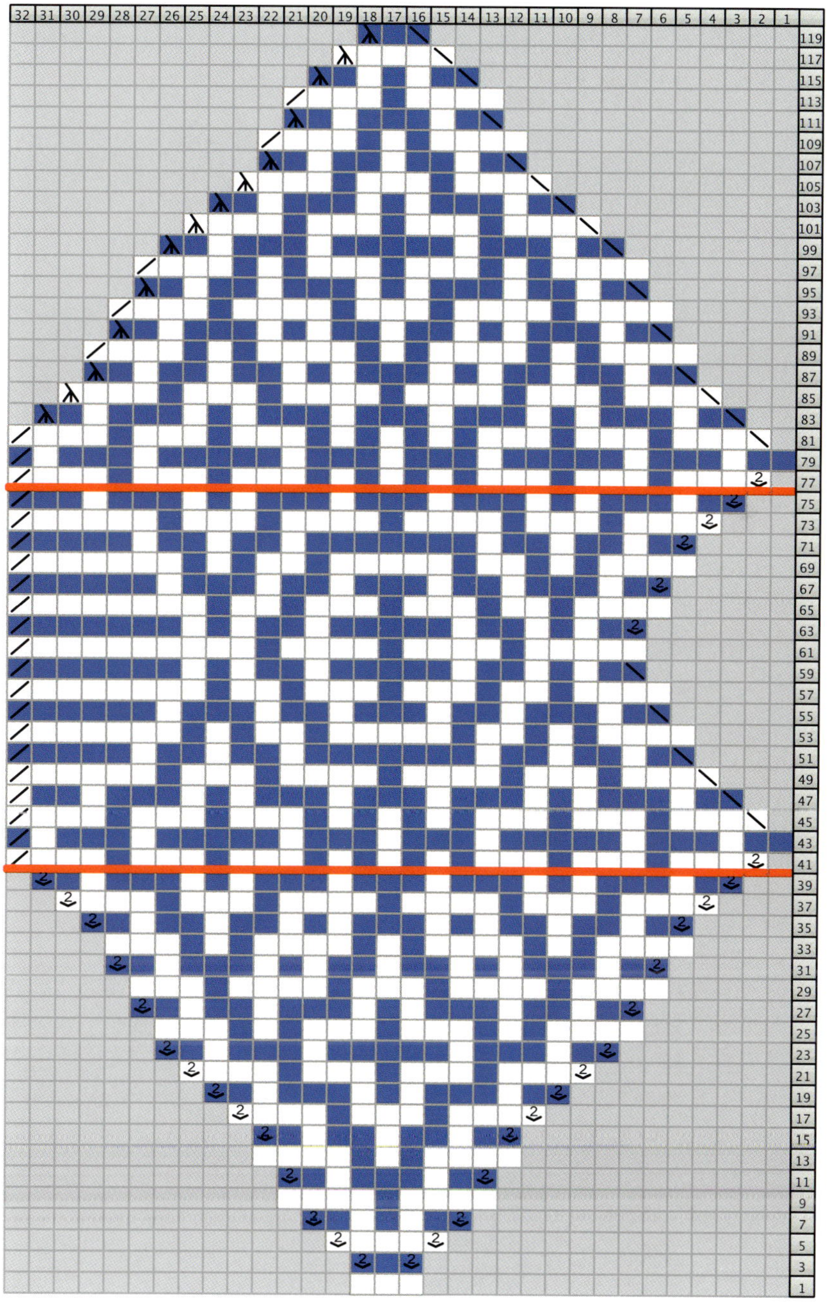

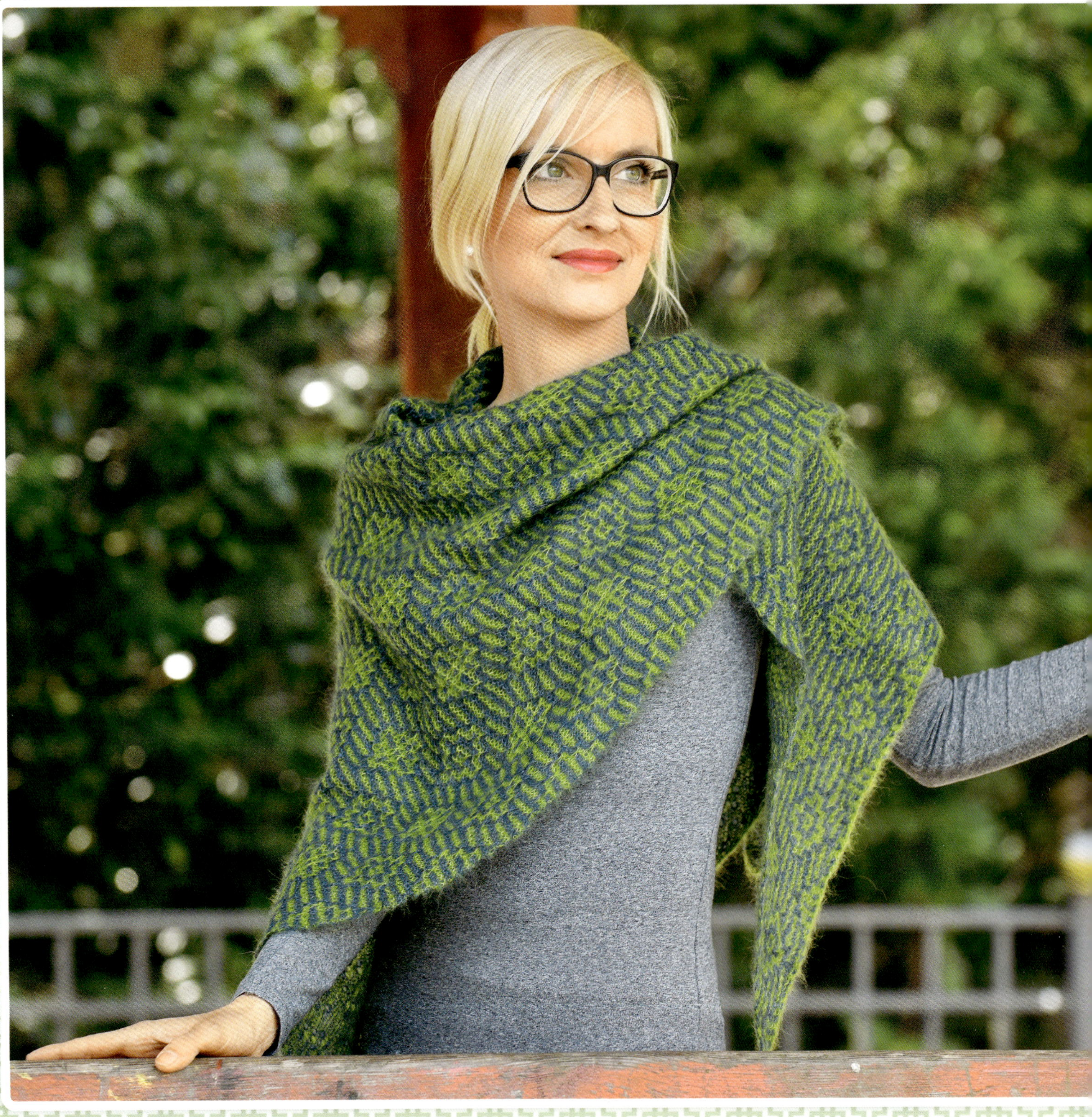

ABENDWIND

MATERIAL

- Pro Lana „Kid Seta“ (70 % Mohair, 30 % Seide, Lauflänge 210 m/25 g), je 75 g Grün (Farbe A) und Petrol (Farbe B)
- Stricknadeln Nr. 3,5

Größe: Spannweite ca. 185 cm, Höhe ca. 90 cm

SO WIRD'S GEMACHT

Das Tuch wird kraus rechts und quer gestrickt. Es wird mit wenigen Maschen begonnen und dann immer breiter. Die Größe lässt sich leicht anpassen, die Spannweite ist hier später die Zunahmekante.

Schlage 3 Maschen in Farbe A (Grün) an und stricke eine Rückreihe rechte Maschen. Dies sind zugleich Reihe 1 und 2 aus der Strickschrift. Folge nun der Strickschrift und beginne dabei mit Reihe 3. Die Hintergrundfarbe ist Grün, die Musterfarbe Petrol. Stricke zunächst die Reihen 1–104 der Strickschrift. Dabei wird in den Reihen 1–22 auf beiden Seiten zugenommen, so dass ein schöner Anfang entsteht, danach wird nur noch an der rechten Seite zugenommen. Wiederhole nach Reihe 104 alle Reihen aus dem grün eingerahmten Bereich, also die Reihen 65–104. Damit wird dein Tuch immer breiter. Der rot eingerahmte Bereich zeigt dir hier die Maschen, die fortan in der Breite wiederholt werden. Du kannst nun dein Tuch bis zur gewünschten Größe stricken, beachte dabei, dass für einen schönen Abschluss noch die Reihen 105–126 gestrickt werden müssen und dein Tuch damit noch an Größe gewinnt.

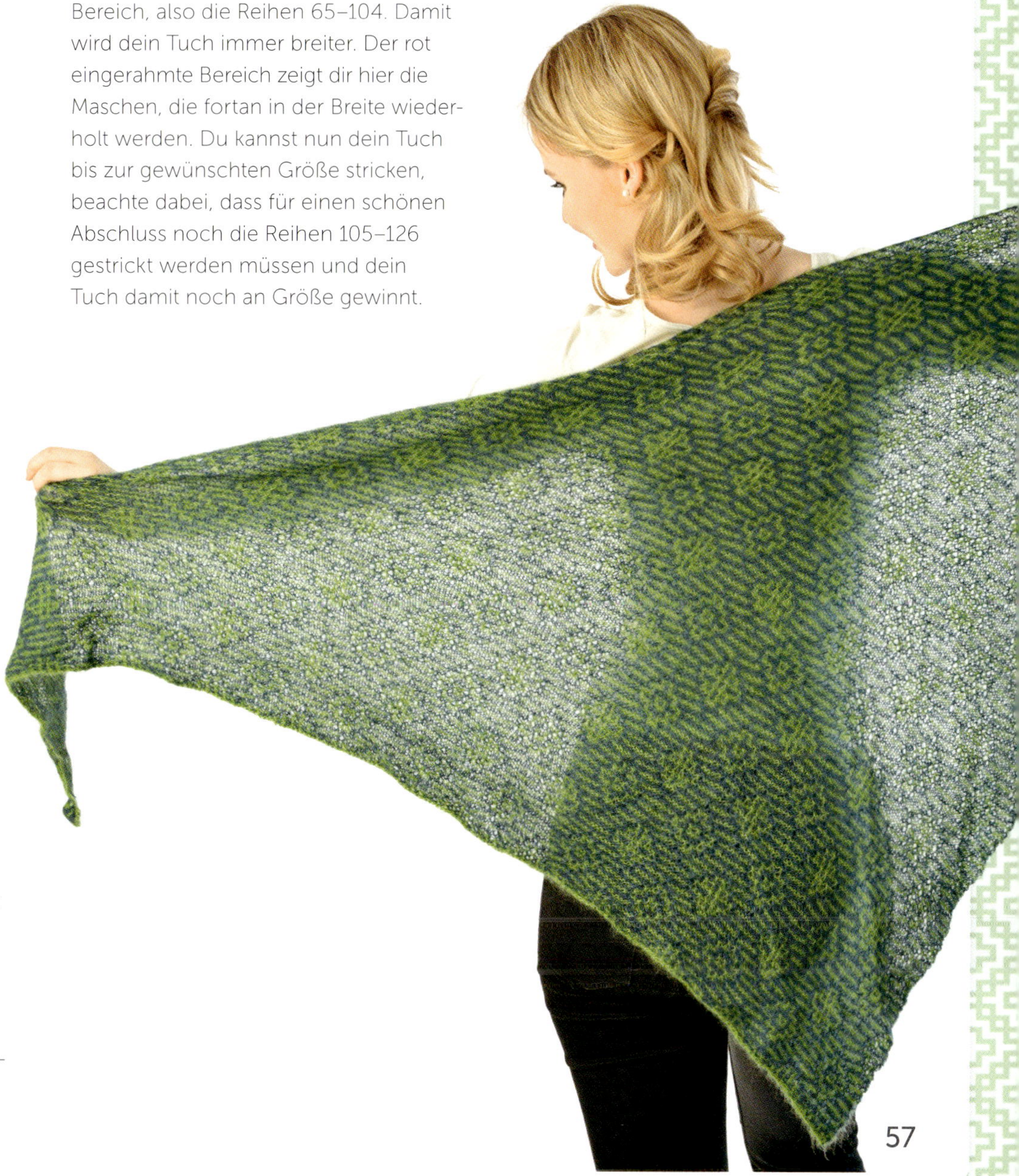

STRICKSCHRIFT

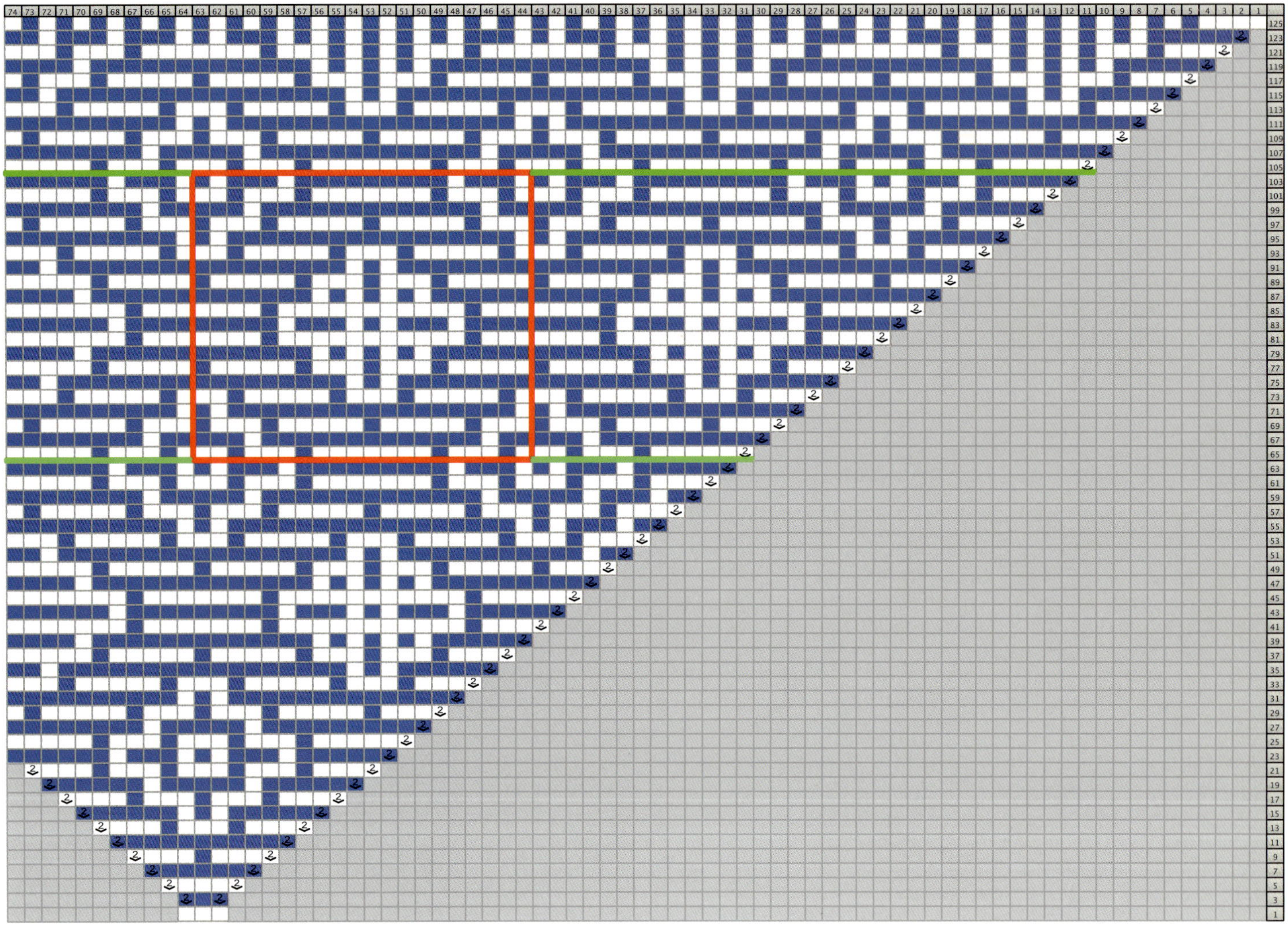

Am besten misst du dir aus, wie viel zusätzliche Breite eine Wiederholung erzeugt, damit du weißt, wann die Abschlusskante gestrickt werden muss. Im abgebildeten Tuch haben wir den grün eingerahmten Bereich 10x wiederholt und danach die letzten gezeichneten Reihen als Abschluss gestrickt. Kette auf der letzten Rückreihe die Arbeit ab. Nun noch die Fäden vernähen und das Tuch einmal baden und in Form ziehen, schon kannst du dich in dein neues Kuscheltuch einwickeln.

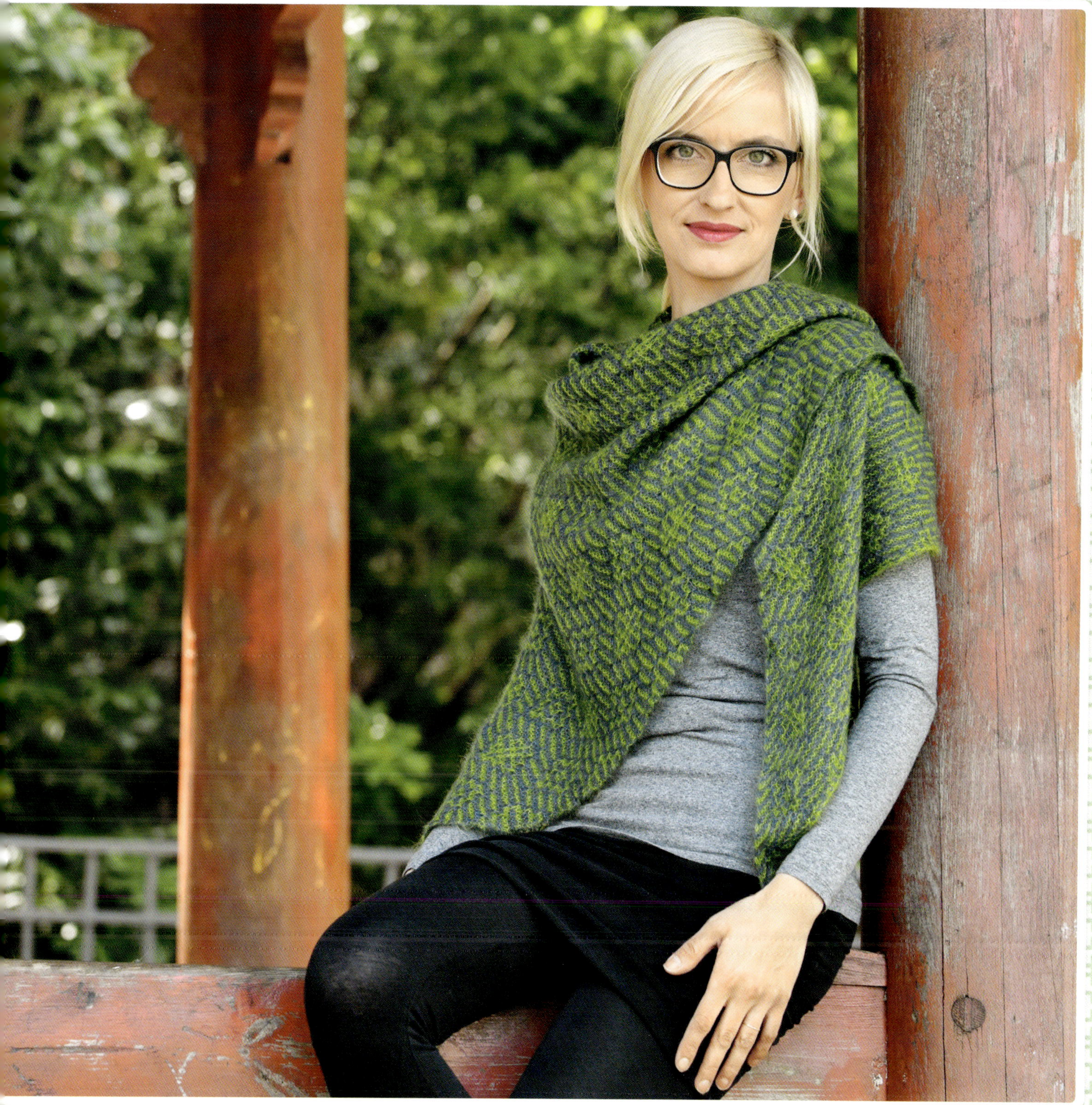

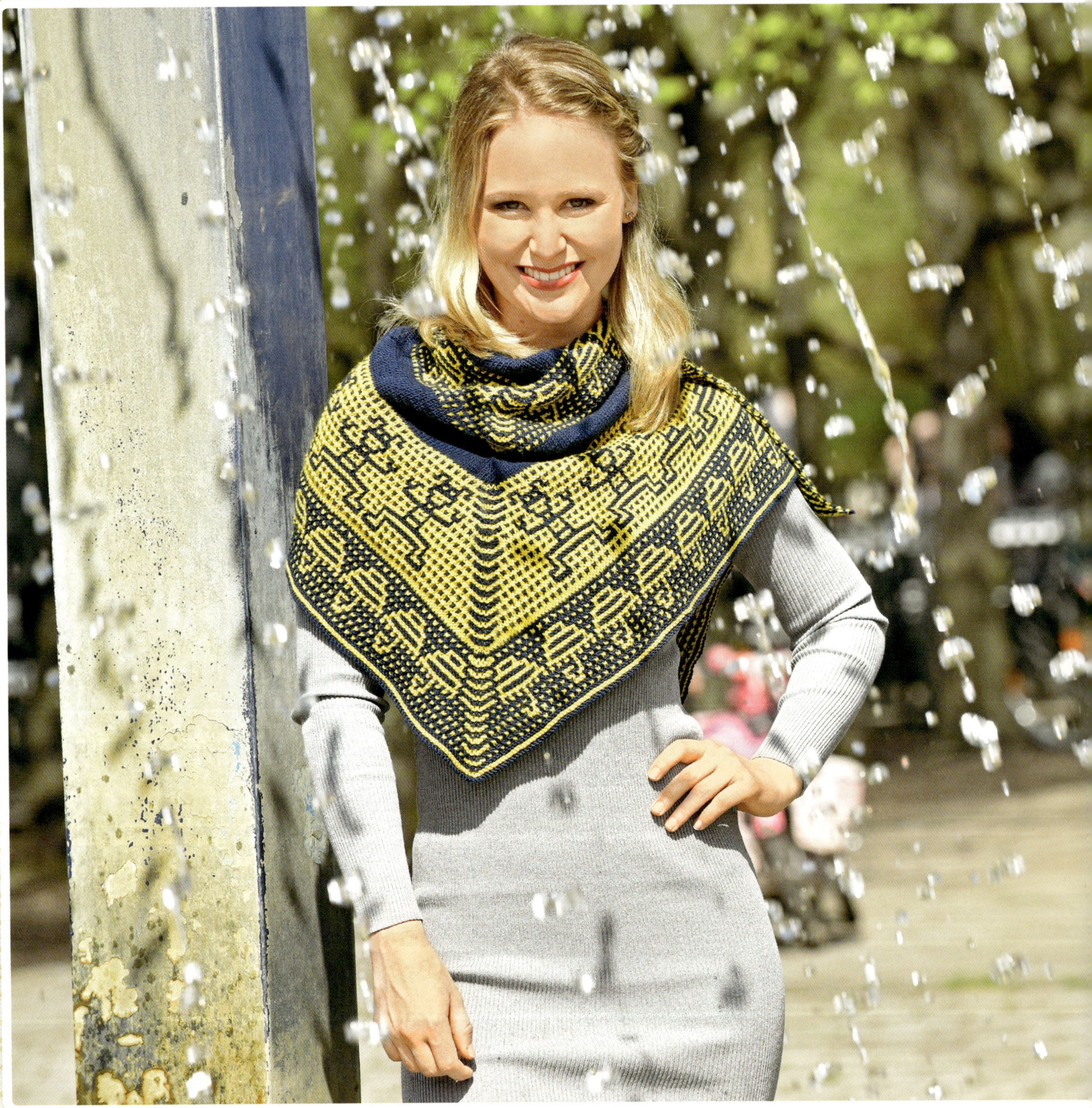

DANCING IN THE RAIN

MATERIAL

- Lang Yarns „Oslo" (46 % Merino, 42 % Baumwolle, 12 % Kamelhaar, Lauflänge 150 m/50 g), 200 g Blau (Farbe A) und 150 g Gelb (Farbe B)
- Stricknadeln Nr. 3,5–4
- Maschenmarkierer

Größe: Spannweite ca. 160 cm, Höhe ca. 80 cm

SO WIRD'S GEMACHT

Das Tuch wird von oben aus der Mitte heraus gestrickt. Es bilden sich 2 nebeneinander liegende Dreiecke und somit ein großes rechtwinkliges Dreieck. Die Größe lässt sich hier leicht anpassen, denn die rechte und linke Zunahmekante bildet die Spannweite.

Beachte: Damit die Mosaikstreifen das Tuch nicht so stark zusammenziehen, das Mosaikmuster am besten mit einer halben Nadelstärke größer stricken.

Schlage 6 Maschen in Farbe A (Blau) an und stricke 1 Rückreihe linke Maschen. Der Tuchkörper wird in Farbe A wie folgt gestrickt:

Reihe 1: 1 KFB, 1 Masche rechts, 1 KBF, Maschenmarkierer setzen, 1 KFB, 1 Masche rechts, 1 KBF
Reihe 2: alle Maschen links stricken
Reihe 3: 1 KFB, rechte Maschen bis 1 Masche vor dem Maschenmarkierer stricken, 1 KBF, Maschenmarkierer überheben, 1 KFB, rechte Maschen bis 1 Masche vor dem Ende stricken, 1 KBF
Reihe 4: alle Maschen links stricken.

Wiederhole nun die Reihen 3 und 4 fortlaufend, bis du 77 Maschen pro Tuchhälfte bis zum Maschenmarkierer auf den Nadeln hast. Stricke dann einmal den Musterstreifen A in Kraus rechts. Die Musterfarbe – die blau dargestellten Maschen – ist Farbe B (Gelb). Stricke zunächst die ersten Maschen aus der Strickschrift A, der rot eingerahmte Bereich kennzeichnet den Mustersatz, der in der Breite bis vor die Mitte wiederholt wird. Stricke vor der Mitte wieder die Maschen hinter dem roten Kasten, bis zur Mitte. Die Strickschrift sollte dann genau vor dem Maschenmarkierer enden. Solltest du unterwegs mal eine Zunahme vergessen haben und deine Maschenzahl nicht genau aufgehen, dann ist das kein Problem. Mogle einfach die überschüssigen Maschen weg oder dazu, indem du sie aus dem Querfaden zunimmst oder 2 Maschen zusammenstrickst. Das Mosaik verzeiht kleine Unregelmäßigkeiten, sie fallen hinterher nicht auf. In der Strickschrift ist nur eine Hälfte des Tuches dargestellt. Folge der Strickschrift bis zur Mitte und wiederhole sie dann wieder.

STRICKSCHRIFT A

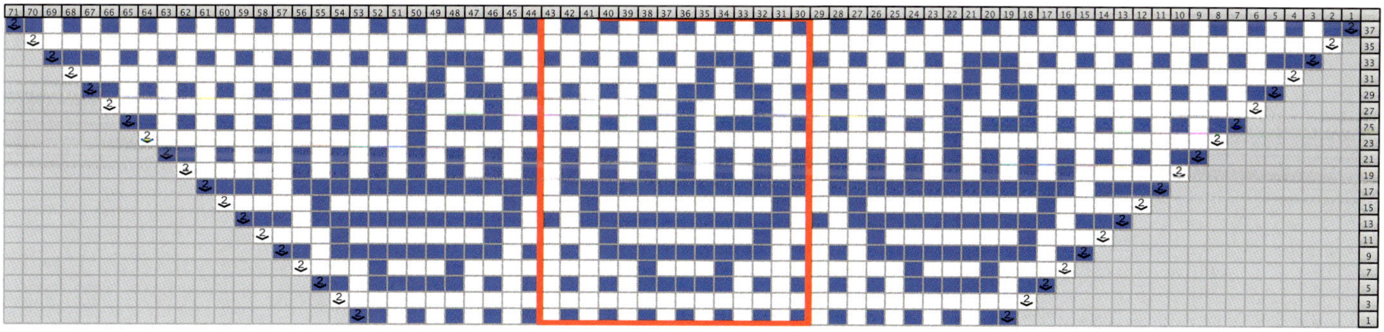

STRICKSCHRIFT B

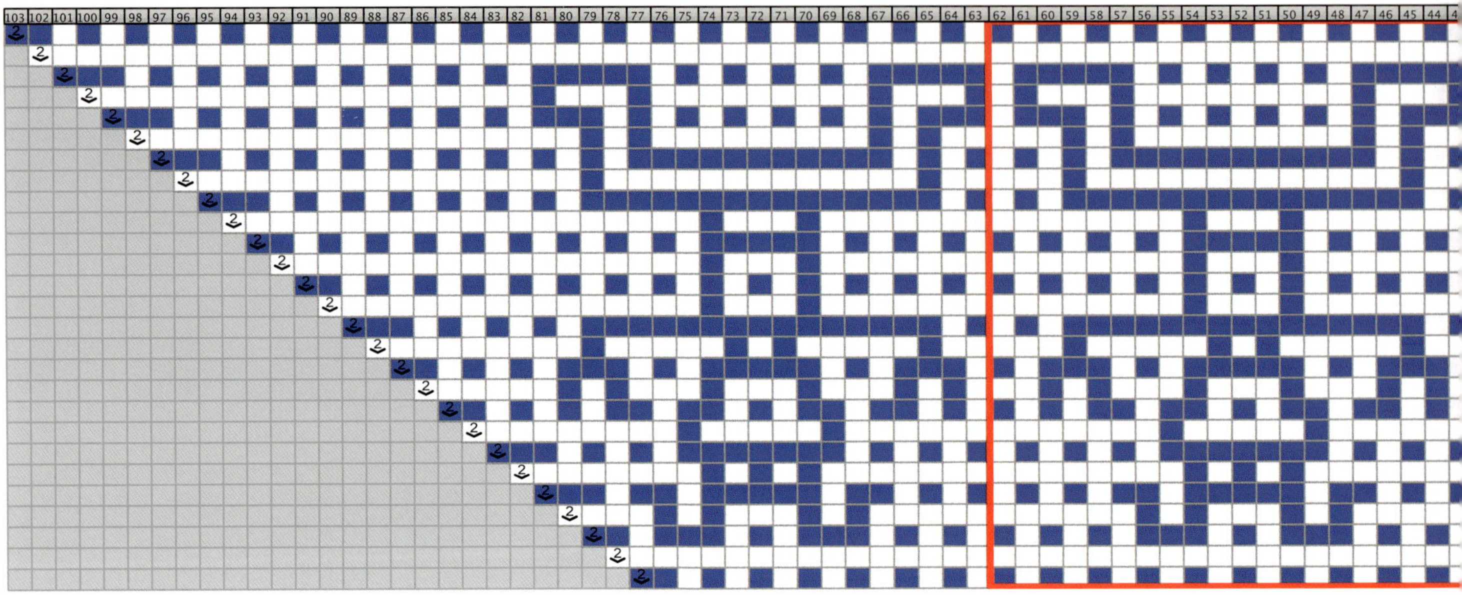

Wenn du die Musterstreifen A gearbeitet hast, wiederhole noch einmal die Reihen 3 und 4 vom Tuchanfang in Farbe A, bis du 129 Maschen pro Tuchhälfte auf der Nadel hast. Wechsle dann zu Farbe B (Gelb) und wiederhole die Reihen 3 und 4 noch 1x, so hast du 131 Maschen pro Tuchhälfte auf der Nadel.

Stricke nun den Musterstreifen B nach der Strickschrift B bis zur Mitte und wiederhole ihn nach der Mitte noch einmal. Das Prinzip ist hier das gleiche, wie zuvor bei Musterstreifen A. Die Musterfarbe wechselt hier. Die Hintergrundfarbe ist nun Farbe B (Gelb) und die Musterfarbe Farbe A (Blau). Wiederhole nach dem Musterstreifen die Reihe 3 und 4 vom Tuchanfang 1x in Farbe B (Gelb), wechsele dann wieder zu Farbe A (Blau) und wiederhole 1x die Reihen 3 und 4 vom Anfang noch einmal. Nun hast du 189 Maschen pro Tuchhälfte auf der Nadel und kannst erneut Musterstreifen A wie zuvor beschrieben stricken.

Stricke anschließend noch 1x Reihe 3 vom Tuchanfang in Farbe A (Blau) und 1 Rückreihe linker Maschen, dann 1x Reihe 3 in Farbe B (Gelb) und kette die Maschen in der Rückreihe ab. Jetzt noch alle Fäden vernähen, baden und dann darf mit dem neuen Tuch, nicht nur im Regen, getanzt werden.

Raum für Individualität:

Du kannst dein Tuch natürlich im Tuchkörper auch kraus rechts arbeiten und die Musterstreifen glatt rechts. Oder du strickst das ganze Tuch kraus rechts. Im Tuchkörper kannst du auch mit Blockstreifen arbeiten, indem du alle 6–10 Reihen die Farbe wechselst. Natürlich kannst du auch im Mosaikmuster die Farben tauschen und damit einen völlig neuen Effekt erzielen. Du kannst auch deinem Tuch mehr oder weniger Musterstreifen hinzufügen oder die Musterstreifen anders anordnen. Beachte hierbei, dass in den Musterstreifen mit den Hunden die Maschenzahl teilbar durch 20 plus 31 sein muss und in den Musterstreifen mit den Regenschirmen teilbar durch 14 plus 21.

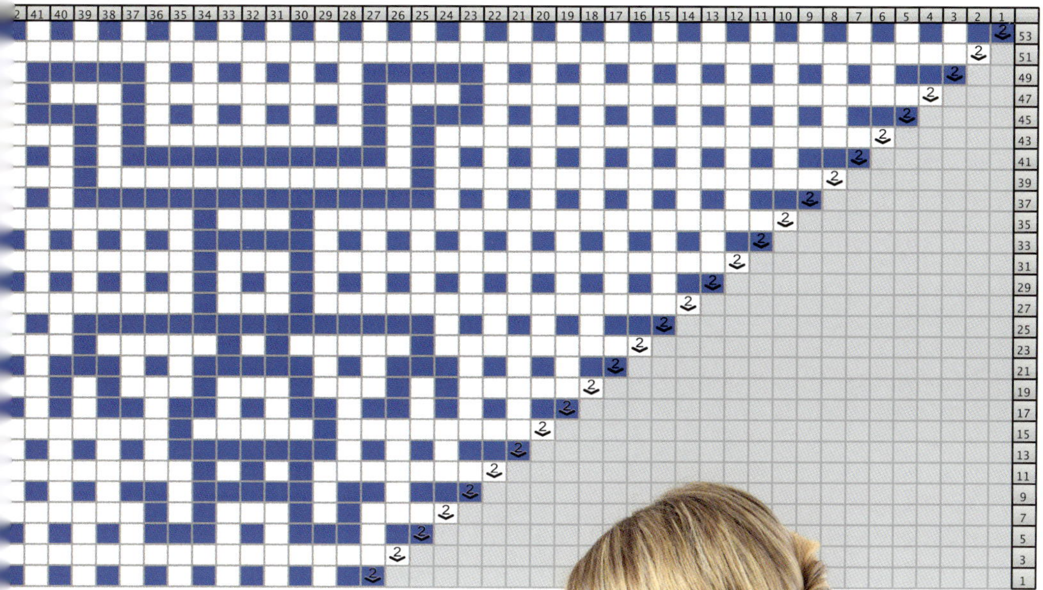

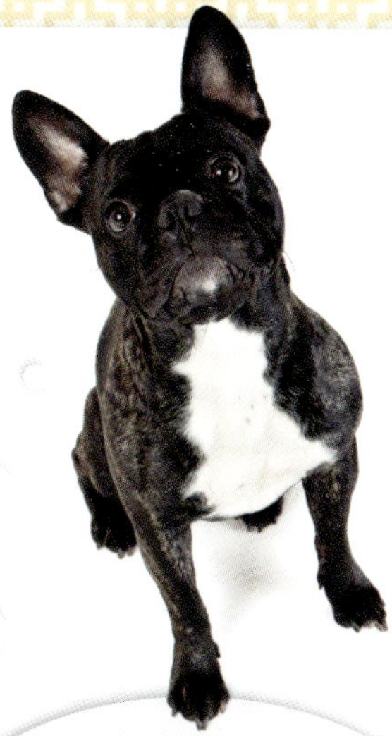

Gelb ist Blau, Blau ist Gelb,
irgendwie verwirrend, aber
manchmal will Frauchen
auch das Gegenteil von dem,
was ich will.

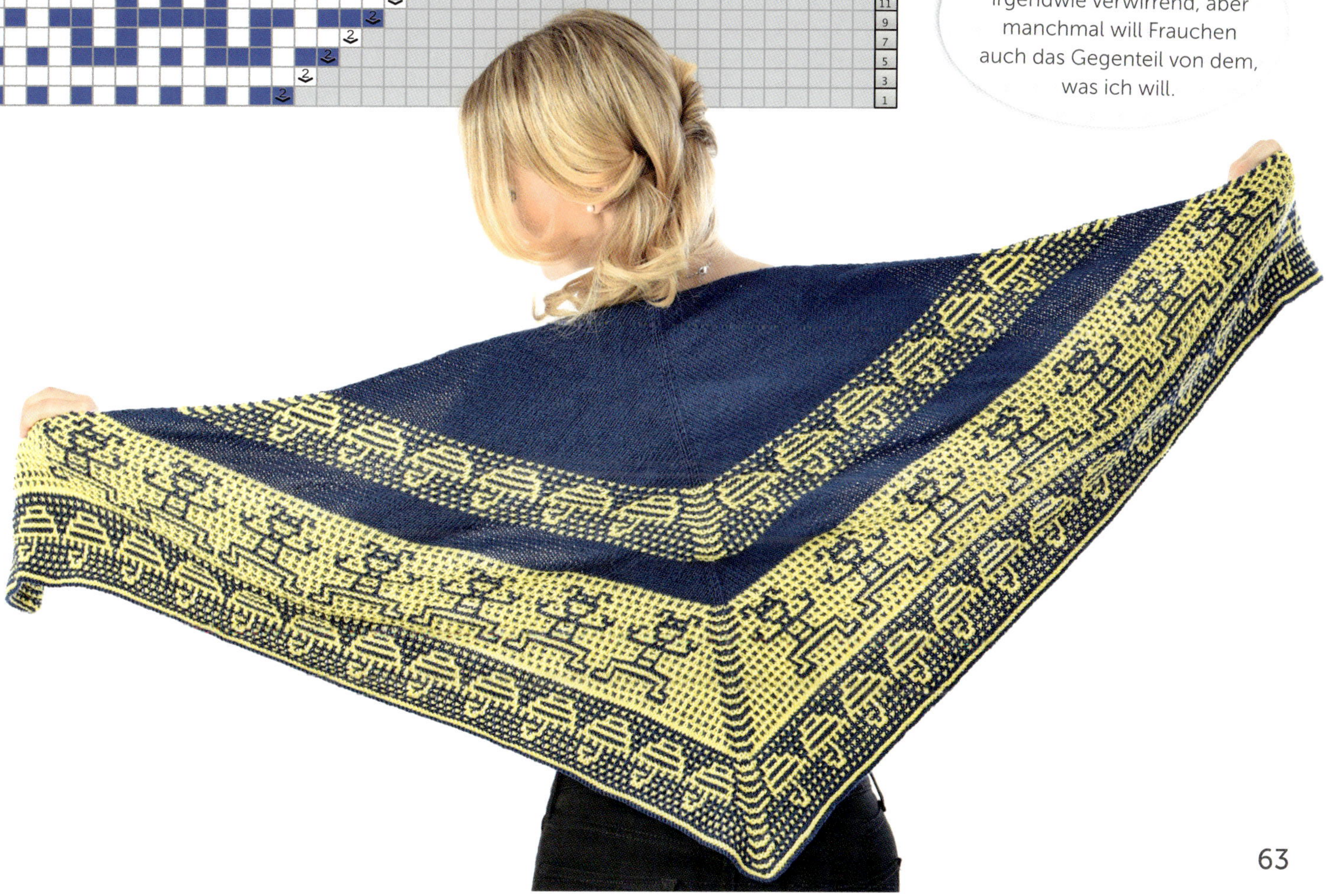

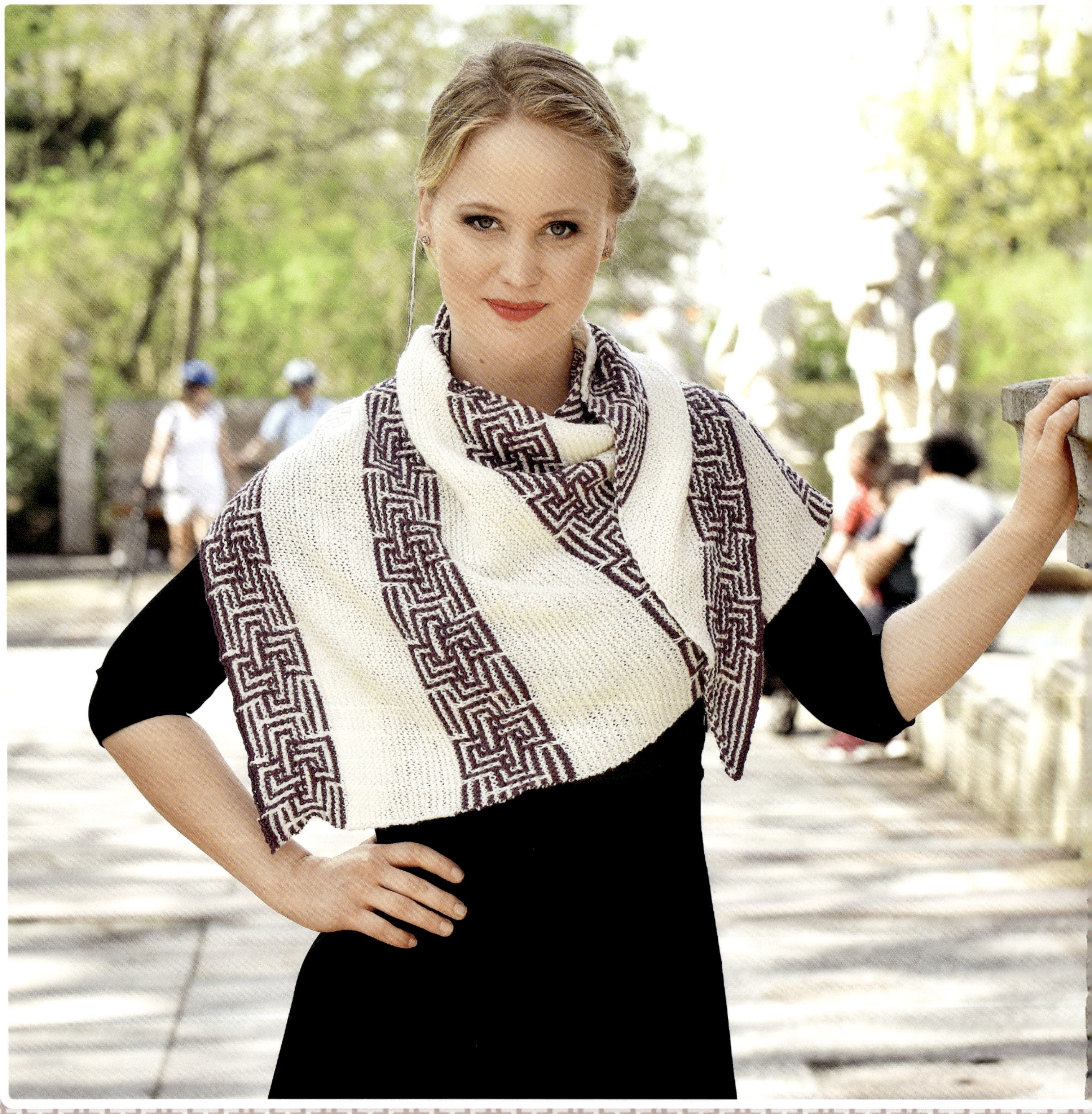

KELTISCHER KNOTEN

MATERIAL

- Gründl „Hot Socks Pearl" (75 % Wolle, 20 % Polyamid, 5 % Kaschmir, Lauflänge 200 m/50 g), 150 g Creme (Farbe A) und 100 g Aubergine (Farbe B)
- Stricknadeln Nr. 3,5–4

Größe: Spannweite ca. 150 cm, Höhe ca. 70 cm

SO WIRD'S GEMACHT

Beachte: Damit die Mosaikstreifen das Tuch nicht so stark zusammenziehen, das Mosaikmuster am besten mit einer halben Nadelstärke größer stricken. Hier sollte unbedingt auch eine Musterprobe in Kraus rechts und im Mosaikmuster angefertigt werden (siehe dazu Seite 10).

Das Tuch wird quer mit Musterstreifen gestrickt. Die Tuchgröße lässt sich leicht anpassen, indem man einfach mehr oder weniger Reihen strickt. Die Spannweite ist hier die Zunahmekante.

Schlage 3 Maschen in Farbe A (Creme) an und stricke 1 Rückreihe rechte Maschen.

Reihe 1: KFB, alle restlichen Maschen rechts stricken
Reihe 2: rechte Maschen bis 1 Masche vor dem Ende, die letzte Masche links stricken.
Wiederhole nun fortlaufend die beiden Reihen, bis du insgesamt 41 Maschen auf der Nadel hast.

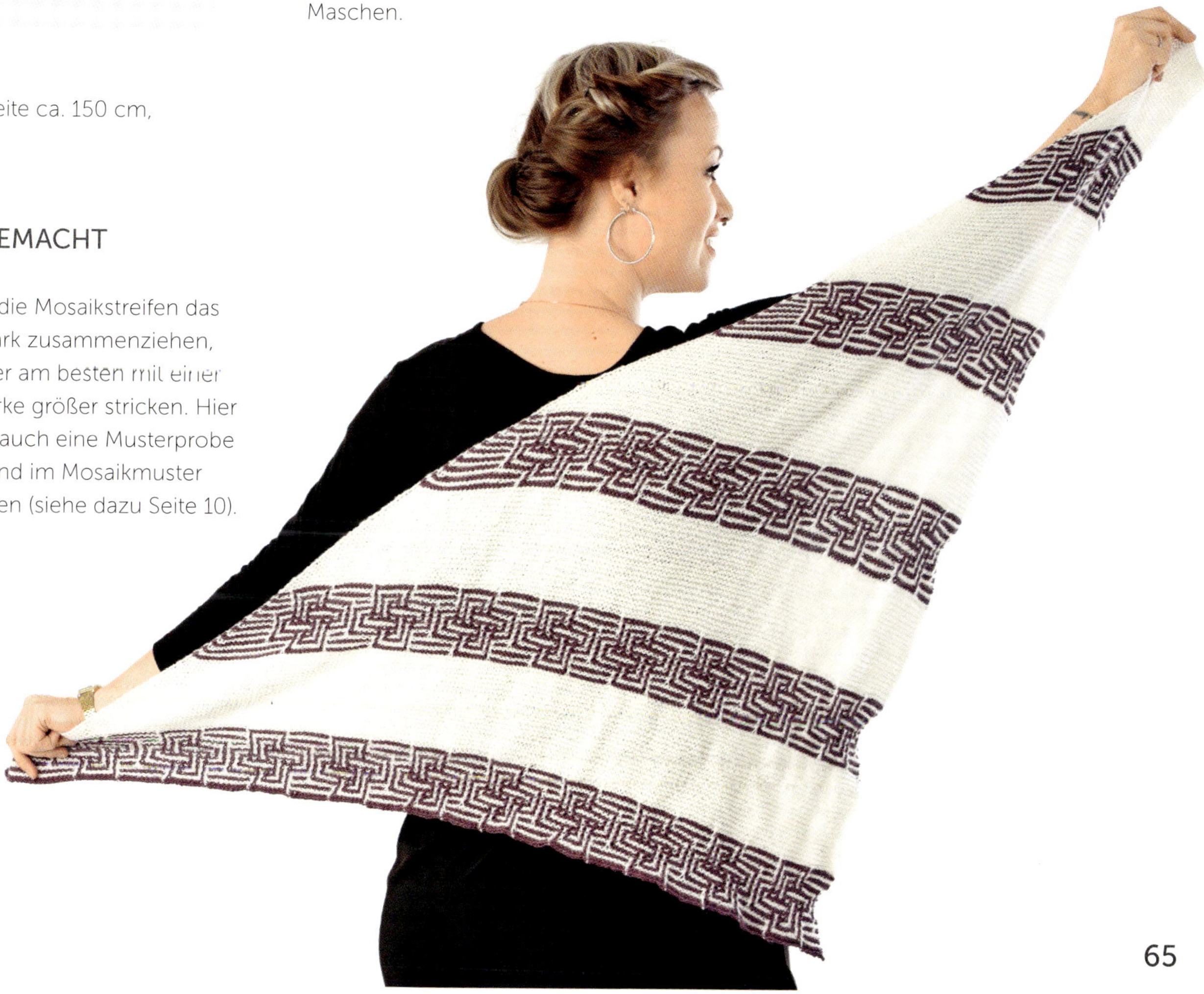

STRICKSCHRIFT

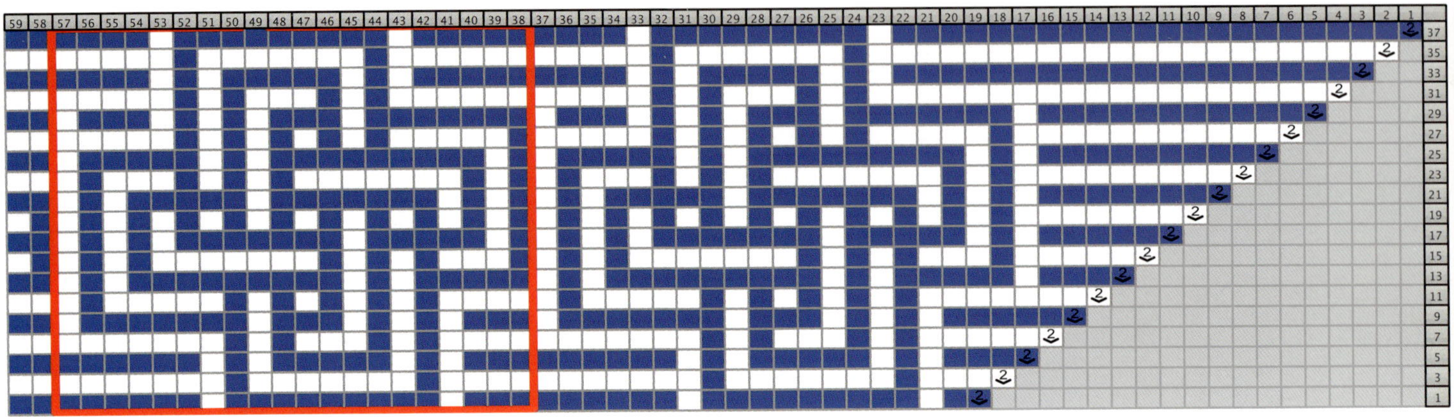

Stricke nun einmal den Musterstreifen. Folge hierbei der Strickschrift. Die Musterfarbe ist Farbe B (Aubergine). Arbeite den Musterstreifen ebenfalls kraus rechts (= 60 Maschen).

Hast du die Reihen der Strickschrift beendet, so strickst du nun Reihe 1 und 2 insgesamt 22x. Stricke dann den Musterstreifen erneut, die Maschen im rot eingerahmten Bereich kennzeichnen hier den Mustersatz, der in der Breite bis zum Ende wiederholt wird.

Stricke nun 22x die Reihen 1 und 2 und danach wieder den Musterstreifen. Wiederhole diese Abfolge nun fortlaufend bis zur gewünschten Größe.

Jetzt noch alle Fäden vernähen, das Tuch baden, spannen und schon kannst du es aufführen.

Raum für Individualität:

Dieses Tuch bietet jede Menge Möglichkeiten zum Variieren. So kannst du zum Beispiel die Zwischenreihen nur 20x wiederholen und in der 22. Reihe schon zur anderen Farbe wechseln – so wird die Vordergrundfarbe zur Hintergrundfarbe. Du kannst die Zwischenreihen auch im Streifenmuster stricken, indem du in jeder 2. Reihe, also in jeder Hinreihe, wie beim Mosaik die Farben wechselst. Oder du strickst doppelt so viele Zwischenreihen bis zum nächsten Musterstreifen oder auch nur 1 Zwischenreihe und dann den nächsten Musterstreifen.

Außerdem kannst du in diesem Tuch auch wunderbar die Muster anderer Tücher, beispielsweise die aus dem „Dancing in the Rain" (Seite 60) oder dem „Flug des Phönix" (Seite 40) stricken, hierbei musst du jeweils nur auf die benötigte Maschenzahl achten und die Maschen bis zum rot markierten Bereich stricken. Lass deiner Kreativität hier freien Lauf.

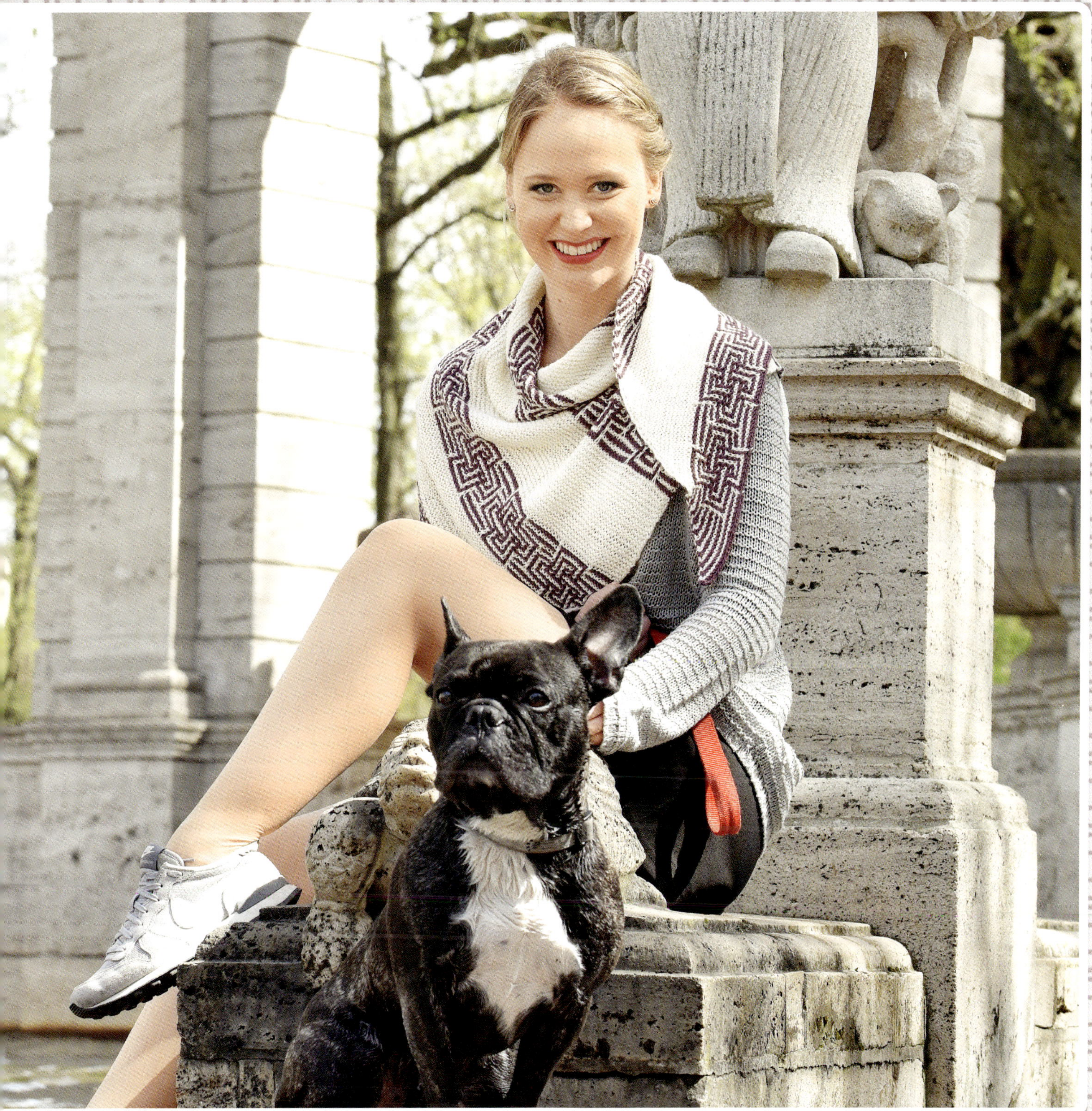

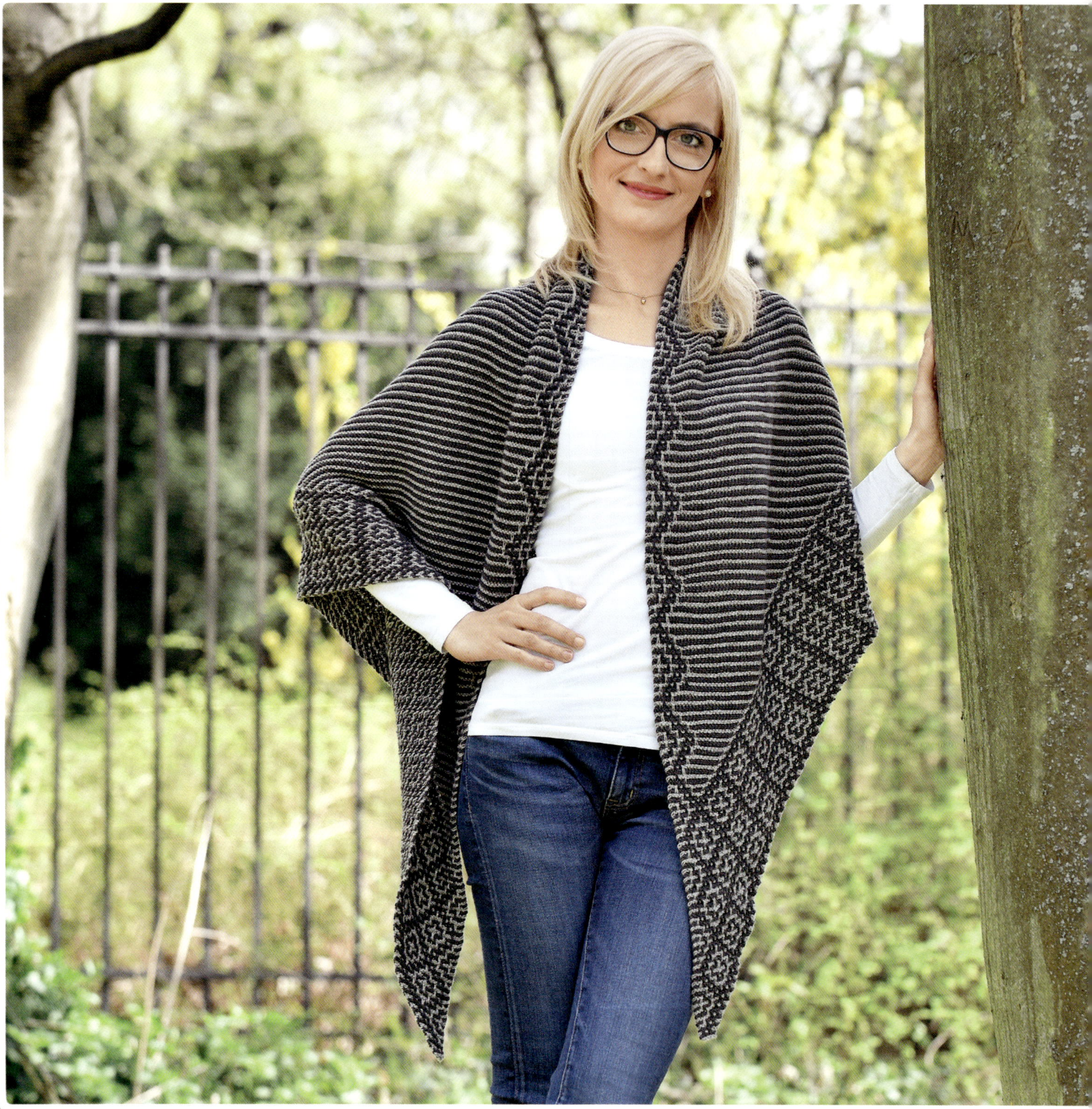

SCHACHMEISTER

MATERIAL

- ggh „Merino Melange" (100 % Schurwolle, Lauflänge 170 m/50 g), je 250 g Beigegrau meliert (Farbe A) und Graubraun meliert (Farbe B)
- Stricknadeln Nr. 3

Variante

- Wollbutt „Ida" (80 % Schurwolle, 20 % Polyacryl, Lauflänge 60 m/50 g), je 250 g Natur (Farbe A) und Weinrot (Farbe B)
- Stricknadeln Nr. 7

Größe: Spannweite ca. 195 cm, Höhe ca. 95 cm (Variante: Spannweite ca. 150 cm, Höhe ca. 65 cm)

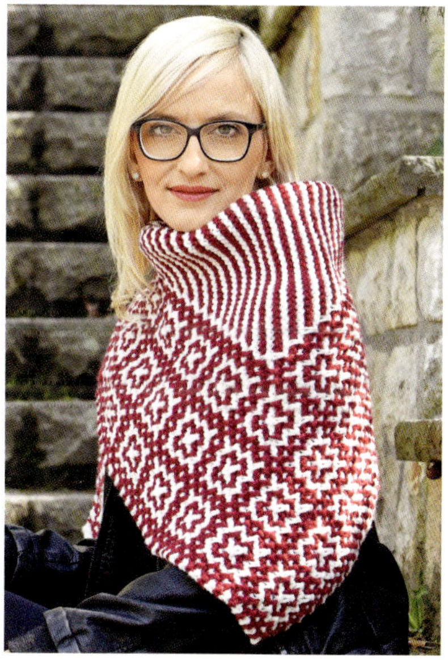

SO WIRD'S GEMACHT

Das Tuch wird kraus rechts und quer gestrickt. Dabei beginnt es mit wenigen Maschen, wird bis zur Tuchmitte immer breiter und dann wieder schmaler. Die Größe lässt sich leicht anpassen, die Spannweite ist an der Seite des Farbwechsels.

Schlage 5 Maschen in Farbe A (Beige) an und stricke eine Rückreihe rechte Maschen. Der Maschenanschlag ist zugleich Reihe 1 aus der Strickschrift. Folge nun der Strickschrift A und beginne dabei mit Reihe 3. Stricke zunächst die komplette Strickschrift einmal ab. Wiederhole danach alle Reihen aus dem rot eingerahmten Bereich. Der Teil mit dem Streifenmuster wird hierbei immer breiter. Der Stern steht dabei für deine stets zunehmende Maschenanzahl zwischen den beiden Musterkanten. Wiederhole den rot eingerahmten Bereich so lange, bis das Tuch die Hälfte der gewünschten Spannweite erreicht hat oder die Hälfte der Wolle verbraucht ist. Die Spannweite wird an der rechten Kante gemessen, dort, wo der Farbwechsel stattfindet.

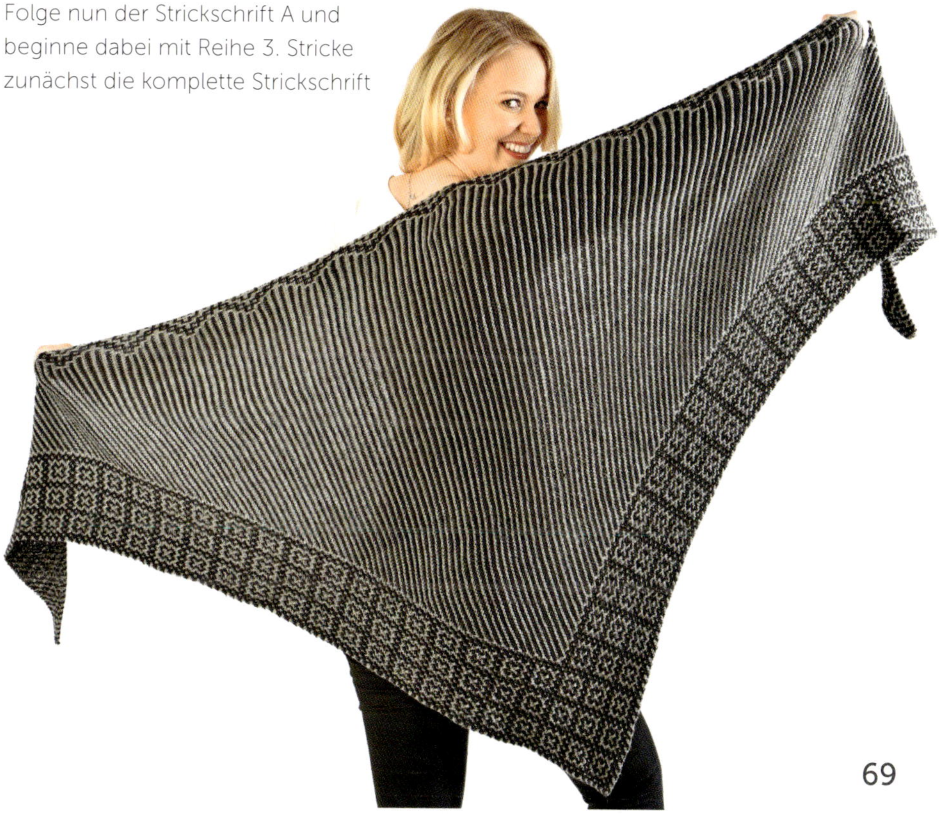

STRICKSCHRIFT A

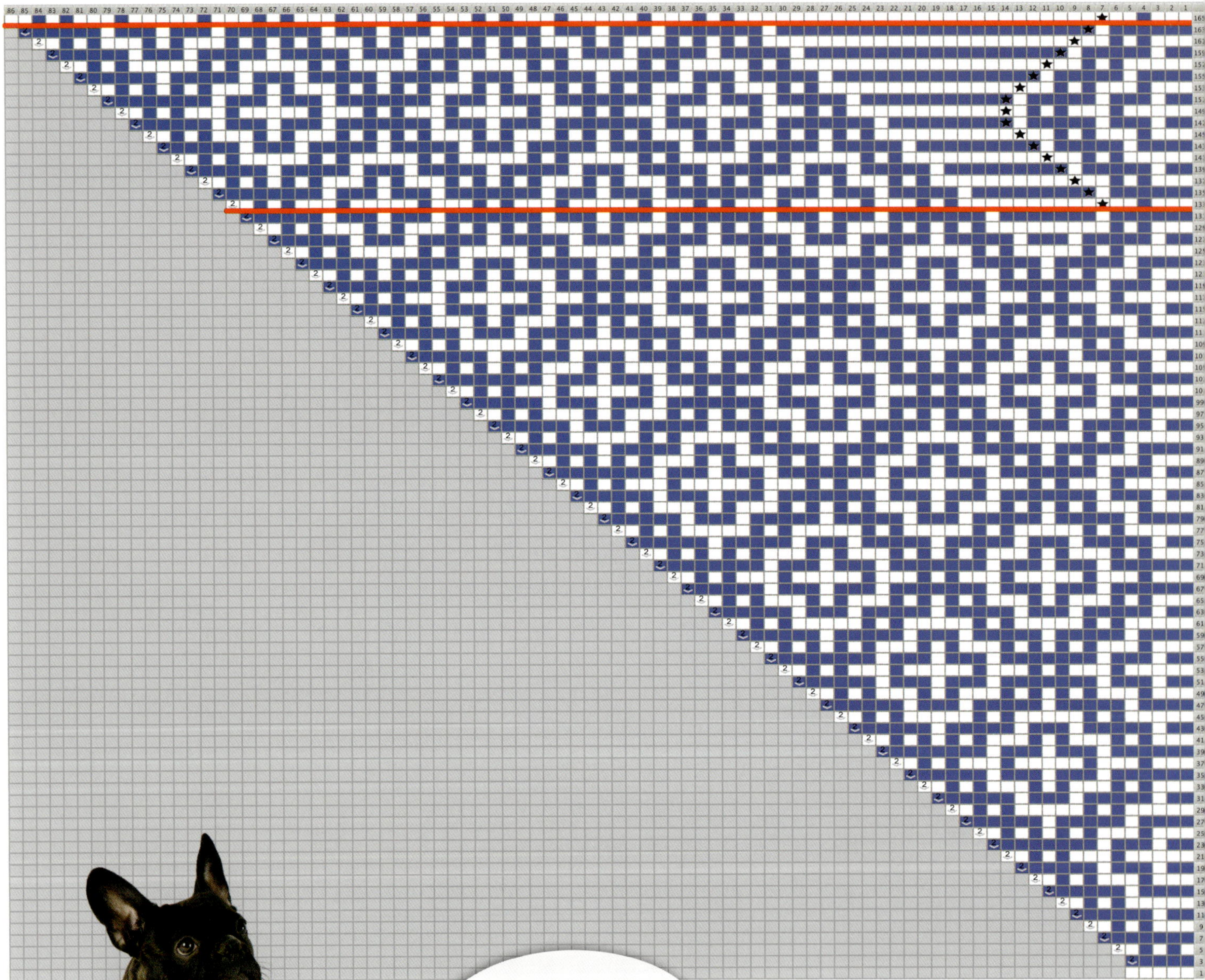

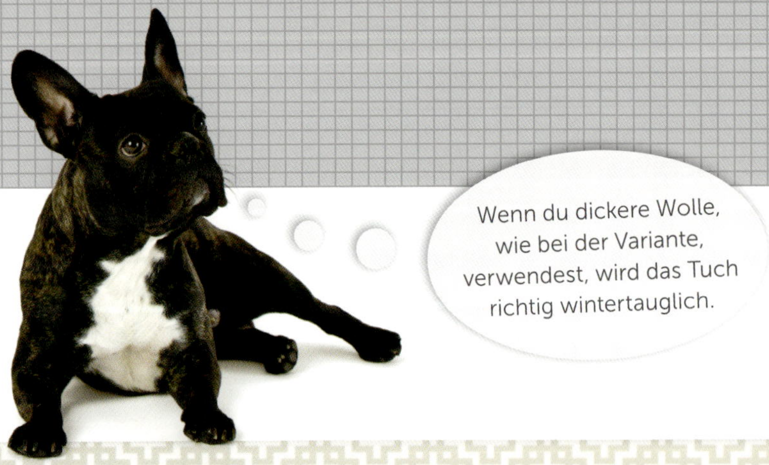

Ist die Hälfte deines Garns verbraucht oder die gewünschte Länge erreicht, geht es nun mit Strickschrift B weiter. Hier wird das Tuch, und damit der gestreifte

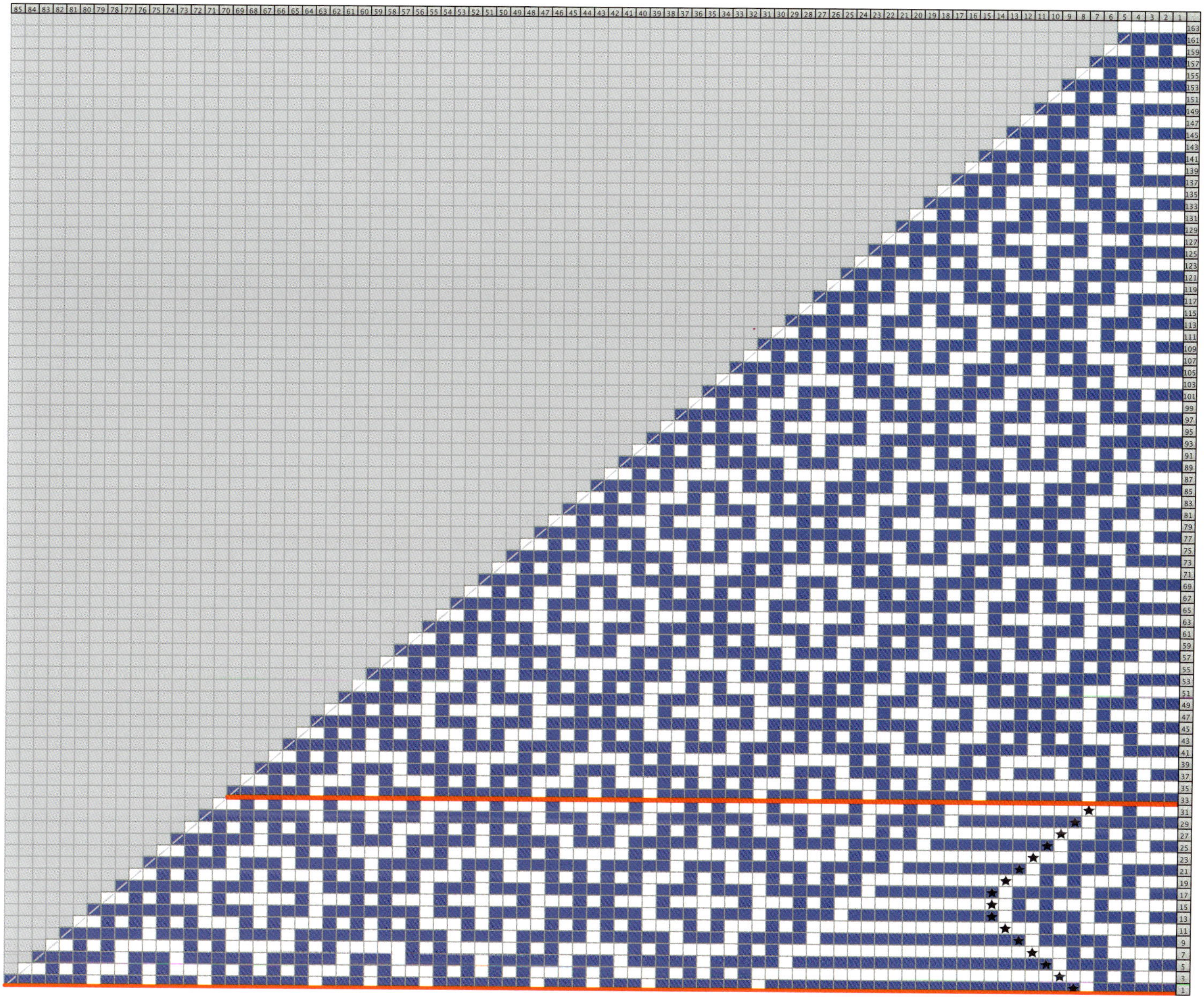

Bereich, immer schmaler. An der Musterkante ändert sich nichts. Der Stern steht hier nun auch für alle kraus rechten Maschen zwischen den Musterkanten.

Liegen noch 70 Maschen auf der Nadel, wird das Tuch mit den Reihen nach dem rot eingerahmten Bereich beendet. Zum Schluss noch die letzten 5 Maschen abketten und alle Fäden vernähen. Nun kannst du das Tuch nach einem kleinen Entspannungsbad voller Stolz ausführen.

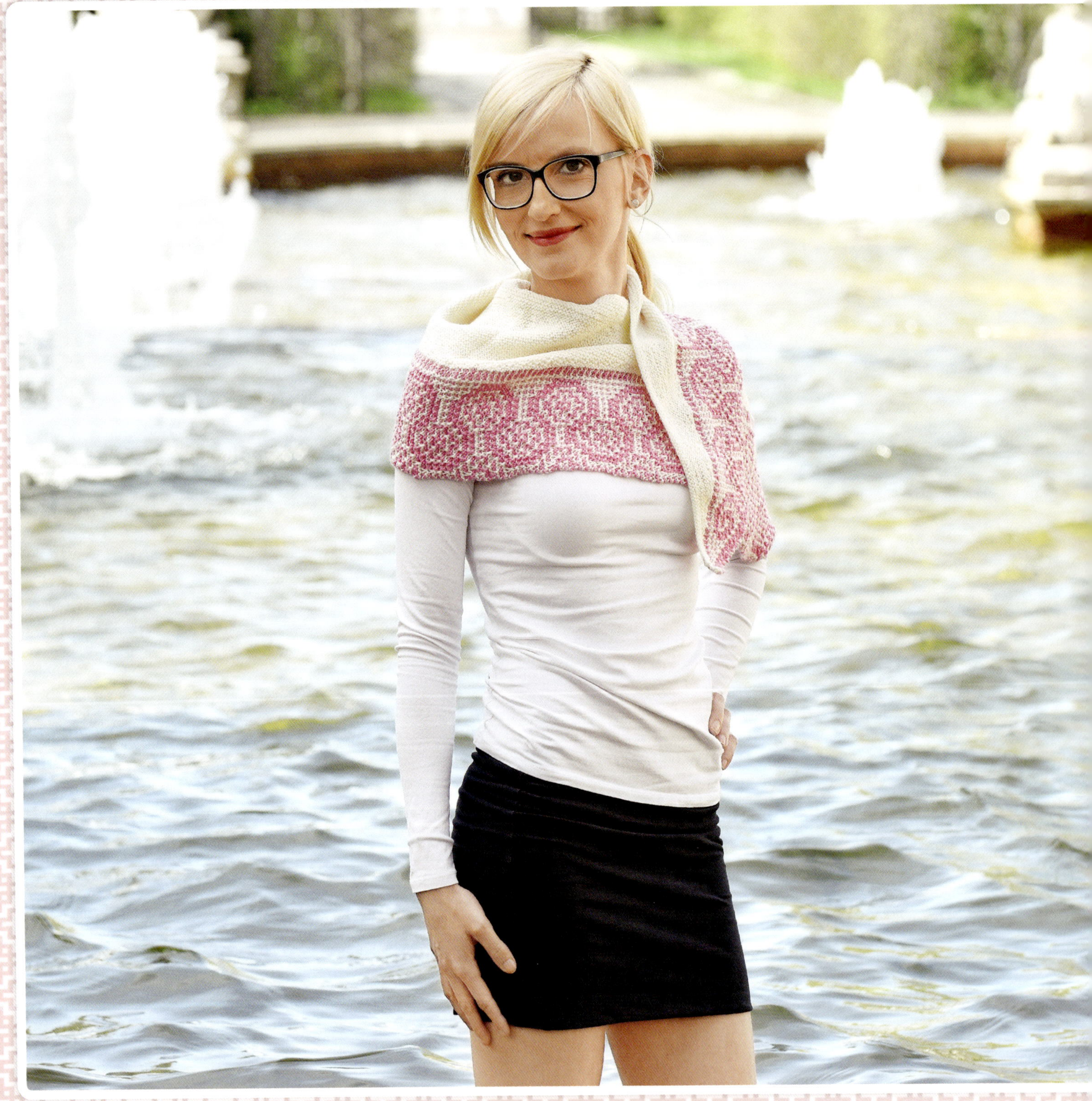

ZARTE WELLEN

MATERIAL

- Pro Lana „Baby Milk" (70 % Wolle, 30 % Polylactid, Lauflänge 100 m/25 g), 125 g Weiß (Farbe A) und 50 g Pink (Farbe B)
- Stricknadeln Nr. 2,5
- Maschenmarkierer

Größe: Spannweite ca. 150 cm, Höhe ca. 40 cm

SO WIRD'S GEMACHT

Das Tuch wird kraus rechts mit der Musterkante begonnen, diese wird quer gestrickt. Danach werden aus der Musterkante die Maschen aufgenommen und der Tuchkörper wird von oben nach unten gestrickt. Die Größe kann durch das Verkürzen oder Verlängern des Musterstreifens angepasst werden.

Beginne mit Farbe A (Weiß) und schlage 3 Maschen an. Stricke 1 Rückreihe rechte Maschen. Die Anschlagreihe ist bereits Reihe 1 aus der Strickschrift. Stricke nun die ersten 70 Reihen nach der Strickschrift, dabei wird der Musterstreifen immer breiter. Die Randmaschen werden hier sowohl in der Hin- als auch in der Rückreihe rechts gestrickt. Nun folgen die Reihen im rot eingerahmten Bereich, die Breite des Streifens verändert sich hier nicht mehr. Stricke den rot eingerahmten Bereich 15x, beende dann den Musterstreifen mit den Reihen 119–190 aus der Strickschrift. Wenn du ein anderes Garn benutzt, achte darauf, dass dein Musterstreifen mindestens 160 cm lang ist.

Nun wird entlang der rechten Kante, also dort, wo der Farbwechsel stattfindet, mit Farbe A (Weiß) vom rechten Seitenrand aus jeder kraus rechten Reihe 1 Masche aufgenommen = 431 Maschen. Stricke nun 1 Rückreihe rechte Maschen.

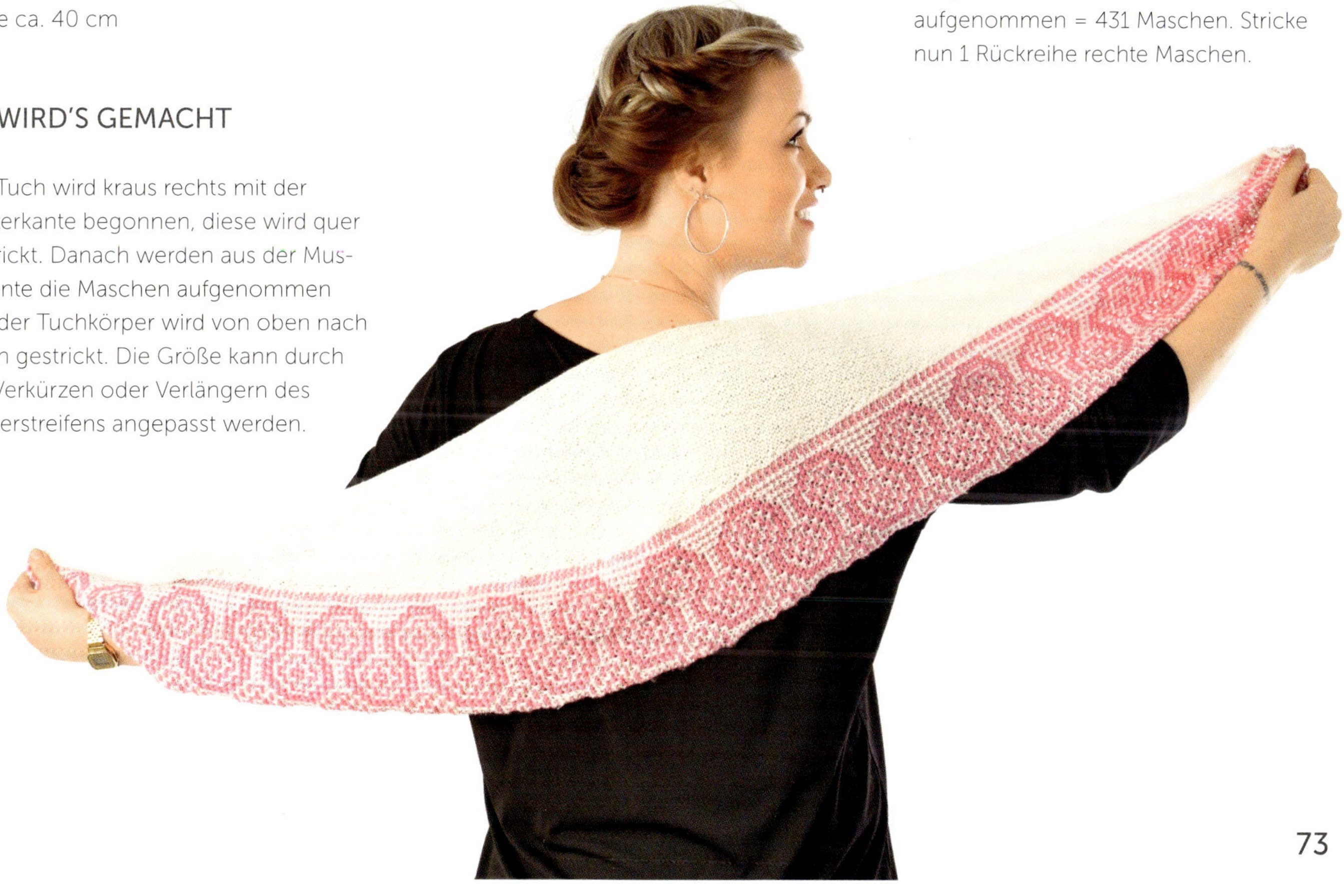

STRICKSCHRIFT

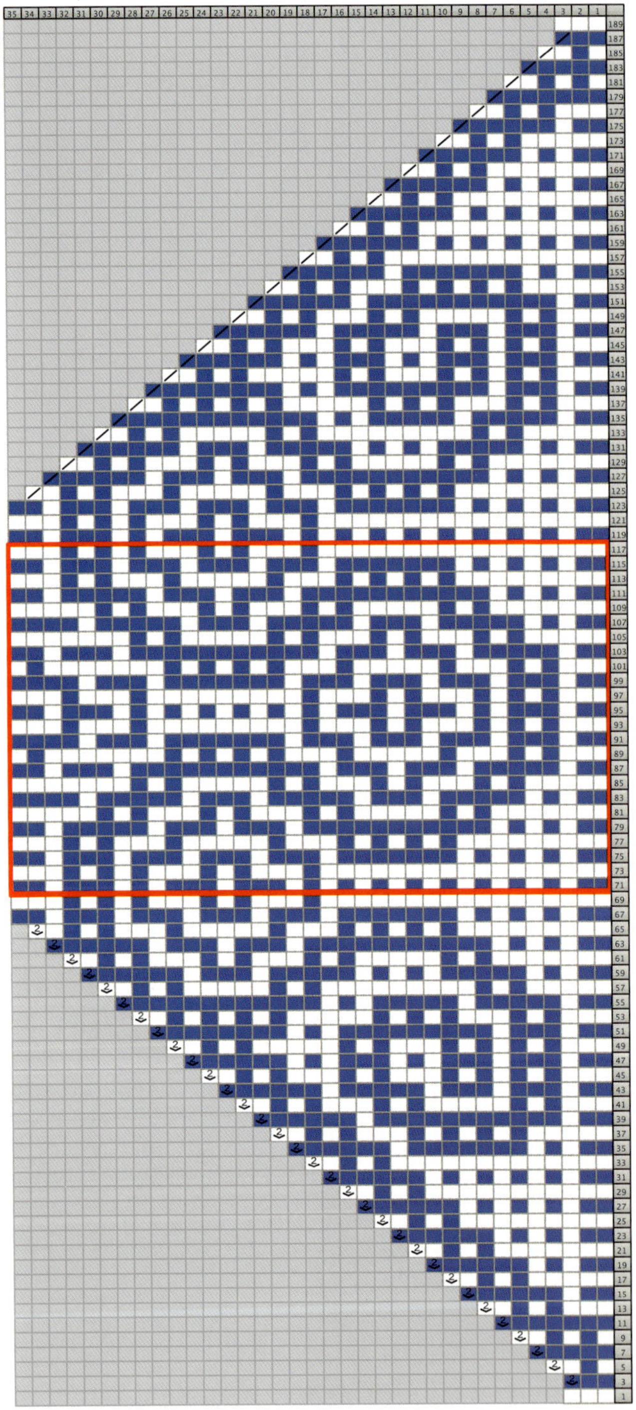

Arbeite den Tuchkörper jetzt wie folgt mit verkürzten Reihen (siehe „Besondere Techniken“ Seite 13):

Reihe 1: Stricke in Weiß 227 Maschen rechts, das ist genau der Punkt auf der linken Seite der mittleren Blume, an der Musterkante befinden sich also 8 Blumen und unter den noch unbearbeiteten Maschen 7 Blumen (8 + 7 = 15 Blumen gesamt). Die Arbeit wenden.

Reihe 2: 24 Maschen rechts, 2 Maschen rechts zusammenstricken, 1 Masche rechts, die Arbeit wenden

Reihe 3: rechte Maschen bis zur Wendemasche stricken, Wendemasche abarbeiten, 1 Masche rechts, 2 Maschen rechts zusammenstricken, 1 Masche rechts, wenden

Reihe 4: rechte Maschen bis zur Wendemasche stricken, Wendemasche abarbeiten, 1 Masche rechts, 2 Maschen rechts zusammenstricken, 1 Masche rechts, wenden.

Diese Reihen wiederholen, bis du mit den verkürzten Reihen an der Außenkante des Tuches angekommen bist. Am Ende noch eine Hinreihe rechter Maschen über alle Maschen stricken, wenden und auf der Rückreihe alle Maschen abketten. Nun noch alle Fäden vernähen, entspannungsbaden und dann am besten das neue Lieblingsstück gleich ausführen.

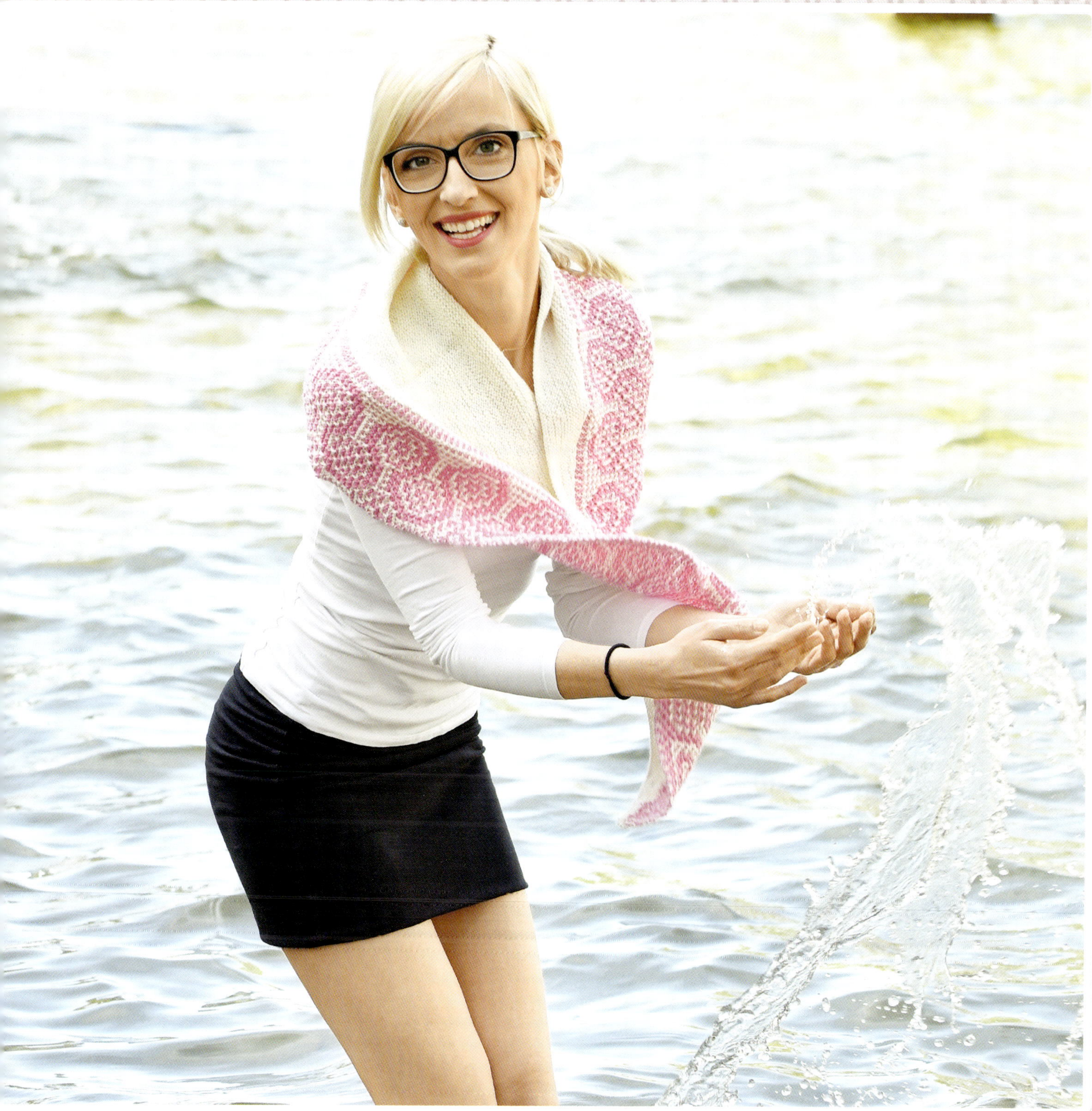

Impressum

Autorin: Sylvie Rasch
Fotos: Manja Elsässer
Strickschriften: Sylvie Rasch
Produktmanagment & Redaktion: Maria Möllenkamp
Umschlaggestaltung: Sabrina Kraft und GrafikwerkFreiburg
Lektorat: Dr. Katrin Korch, www.literatur-und-mehr.de
Satz: GrafikwerkFreiburg
Repro: RTK & SRS mediagroup GmbH
Printed in Slovenia by Florjancic

★ ★ ★ ★ ★

Sind Sie mit diesem Titel zufrieden? Dann würden wir uns über Ihre Weiterempfehlung freuen. Erzählen Sie es im Freundeskreis, berichten Sie Ihrem Buchhändler oder bewerten Sie bei Onlinekauf. Und wenn Sie Kritik, Korrekturen, Aktualisierungen haben, freuen wir uns über Ihre Nachricht an Christian Verlag, Postfach 40 02 09, D-80702 München oder per E-Mail an lektorat@verlagshaus.de.

Unser komplettes Programm finden Sie unter

www.christophorus-verlag.de

Bildnachweis:

Alle Bilder stammen vom Autor. Umschlagvorderseite: Manja Elsässer ; Umschlagrückseite: Manja Elsässer

Herstellerverzeichnis

- Bergere de France
  www.bergeredefrance.fr
- buttinette Textil-Versandhaus GmbH
  www.buttinette.com
- CraSy®
  www.crasy.world
- ggh GmbH
  www.ggh-garn.de
- Gründl
  www.gruendl-wolle.de
- Yundy und Grete
  www.yundi-und-grete.de
- Lang & Co. AG
  www.langyarns.com
- Pro Lana, Langendorf & Keller GmbH
  www.pro-lana.de
- Scheepjes
  www.scheepjes.com
- Schulana GmbH & Co. KG
  www.schulana.de

Die Deutsche Nationalbibliothek verzeichnet diese Publikation in der Deutschen Nationalbibliografie; detaillierte bibliografische Daten sind im Internet über http://dnb.d-nb.de abrufbar.

ISBN 978-3-8410-6512-4

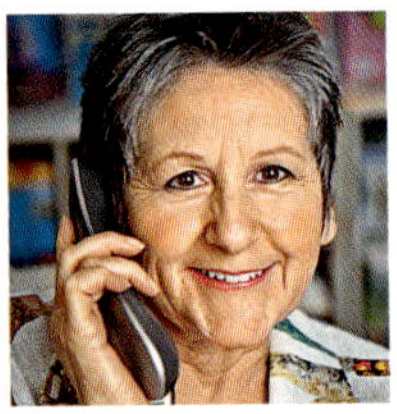

Kreativ-Service

Sie haben Fragen zu den Büchern und Materialien? Frau Erika Noll ist für Sie da und berät Sie rund um alle Kreativthemen. Rufen Sie an! Wir interessieren uns auch für Ihre eigenen Ideen und Anregungen. Sie erreichen Frau Noll per E-Mail: **mail@kreativ-service.info** oder Tel.: **+49 (0) 5052 / 91 18 58**

Besuchen Sie uns im Internet: **www.christophorus-verlag.de**

GESTALTE DEINE WELT!

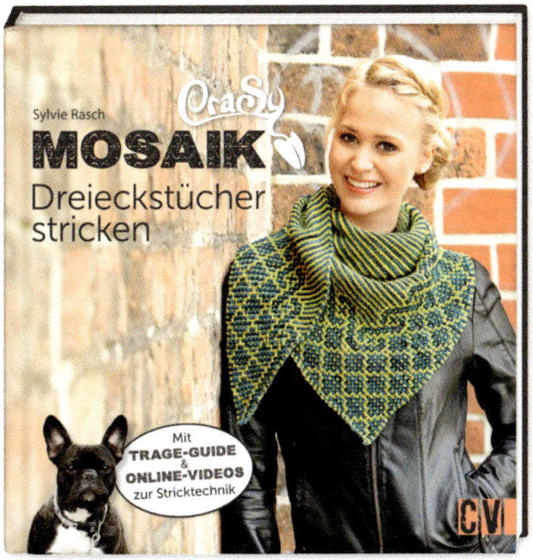

CraSy Mosaik – Dreieckstücher stricken
€ [D] 16,99 / € [A] 17,50*
ISBN 978-3-8410-6459-2

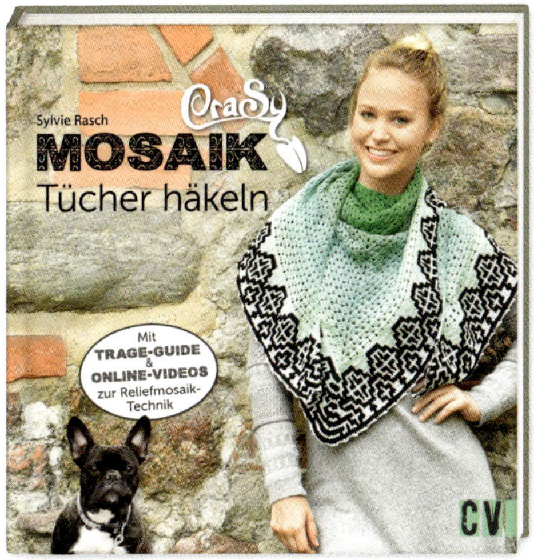

CraSy Mosaik – Tücher häkeln
€ [D] 16,99 / € [A] 17,50*
ISBN 978-3-8410-6514-8

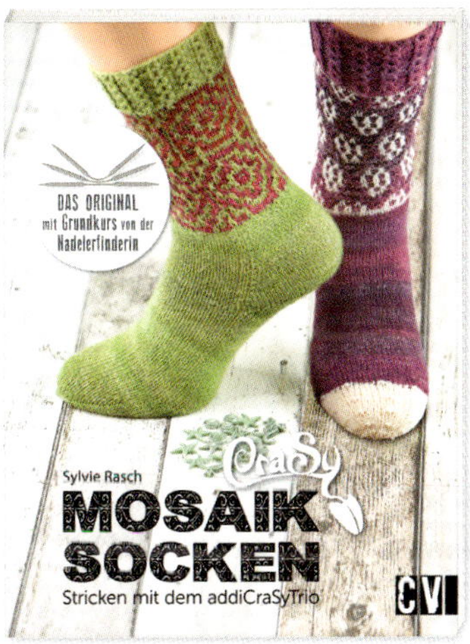

CraSy Mosaik Socken – Stricken mit dem addiCraSyTrio
€ [D] 9,99 / € [A] 10,30*
ISBN 978-3-8410-6519-3

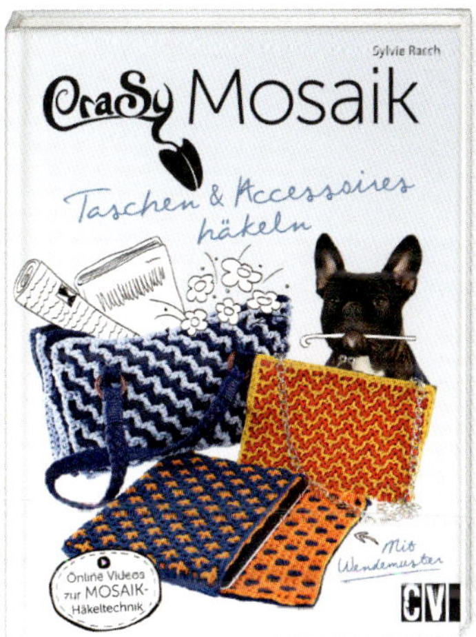

CraSy Mosaik – Taschen & Accessoires häkeln
€ [D] 12,99 / € [A] 13,40*
ISBN 978-3-8410-6460-8

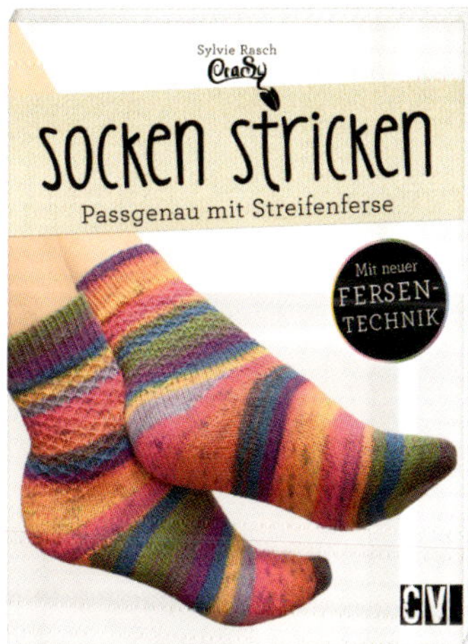

Socken stricken – Passgenau mit Streifenferse
€ [D] 8,99 / € [A] 9,30*
ISBN 978-3-8410-6413-4

*vom österreichischen Importeur preisgebunden

www.christophorus-verlag.de